四特 教育系列丛书 SITEJIAOYUXILIECONGS

不怒自威

《"四特"教育系列丛书》编委会　编著

吉林出版集团股份有限公司
全国百佳图书出版单位

图书在版编目（CIP）数据

不怒自威／《"四特"教育系列丛书》编委会编著．
—长春：吉林出版集团股份有限公司，2012.4
（"四特"教育系列丛书／庄文中等主编．课堂教学与
管理艺术）
ISBN 978-7-5463-8725-3

I．①不… Ⅱ．①四… Ⅲ．①中小学－教师－工作
Ⅳ．① G635.16

中国版本图书馆 CIP 数据核字（2012）第 044374 号

不怒自威

BU NU ZI WEI

出 版 人	吴　强	
责任编辑	朱子玉　杨　帆	
开　　本	690mm×960mm　1/16	
字　　数	250 千字	
印　　张	13	
版　　次	2012 年 4 月第 1 版	
印　　次	2023 年 2 月第 3 次印刷	

出　　版	吉林出版集团股份有限公司
发　　行	吉林音像出版社有限责任公司
地　　址	长春市南关区福祉大路 5788 号
电　　话	0431-81629667
印　　刷	三河市燕春印务有限公司

ISBN 978-7-5463-8725-3　　　　　　定价：39.80 元

版权所有　侵权必究

前　言

　　学校教育是个人一生中所受教育最重要的组成部分，个人在学校里接受计划性的指导，系统地学习文化知识、社会规范、道德准则和价值观念。学校教育从某种意义上讲，决定着个人社会化的水平和性质，是个体社会化的重要基地。知识经济时代要求社会尊师重教，学校教育越来越受重视，在社会中起到举足轻重的作用。

　　"四特教育系列丛书"以"特定对象、特别对待、特殊方法、特例分析"为宗旨，立足学校教育与管理，理论结合实践，集多位教育界专家、学者及一线校长、教师的教育成果与经验于一体，围绕困扰学校、领导、教师、学生的教育难题，集思广益，多方借鉴，力求全面彻底解决。

　　本辑为"四特教育系列丛书"之《课堂教学与管理艺术》。

　　目前，在我国的学校教育中，课堂教学仍然是一种主要的教育教学活动，要想有效地提高课堂教学质量与效果效率，就必须充分尊重和应用教育科学理论，系统学习、研究、提高课堂教学艺术水平，这不仅是对课堂教学的客观要求，而且是教育教学研究的发展趋势之一。因此，有志于从事教育事业的教育专业学生，都有必要去学习、研究课堂教学艺术，为今后做一名合格的教师进行充分的准备。本书把教育教学理论和教育教学实践有机地结合起来，系统地研究课堂教学的规律和实践，研究教学过程中的各种实际问题。

　　本书还有另一个很明确的目的，那就是：确立班级管理的专业地位，提升师生教学质量。我们分别从学生、教师（班主任）的角度分别进行说明。班级管理是门艺术，大凡艺术殿堂的攀登，都需要自觉的奉献；班级管理又是门科学，涉及科学领域的探索，必依赖智慧的涌动。希望本书的出版，能为工作在第一线的广大中小学班主任提供一个支点，同时能唤起一部分对班主任工作感兴趣的专家学者的热情，共同来研究这个新课题，让班主任班组管理这项至关重要的工作，更具科学性和艺术性。这也是本书编写的意义所在。

　　本辑共20分册，具体内容如下：

　　1.《怎样把课说好》

　　"说课"是深化教育改革、探讨教学方法、实践教学手段、提高教育教学业务水平的一种好方法，也是教师进一步学习教育理论、用科学的手段指导教学实践、提高教学科研水平、增强教学基本功的一项重要方法。本书主要从说课准备、精心设计与组织说课材料、幽默为教法服务、情感学法说课、辅助教学程序、互动教学目标、应对说课失误和总结说课经验等方面来进行铺垫和阐述。我们站在说课者的角度，多层次地模拟说课中遇到的各种问题，并提出了相应的改进措施，希望教师在说课中少走弯路，对于日后的说课教学能起到更大的帮助。

　　2.《怎样设计教学情境》

　　本书着重探讨了如何使新课程提倡的自主学习、探究学习、合作学习真正进入课堂。

通过介绍西方课堂设计的理论和教学策略，总结国内课堂教学改革的成功经验，为教师进行有效的课堂设计提供切实的指导和帮助。

3.《怎样把课备好》

备课能力是一个教师最基本的业务能力。备课是教师教学活动的一个重要组成部分，也是上好一堂课的前提和重要保证。教师要上好课，首先必须备好课，备课是一项深入细致的工作，是教师达成良好教学效果的关键。教师备课最需要用"心"、用"情"、用"力"和重"思"。

4.《怎样把课上好》

课堂"活"了，学生动了，互动、对话成为课堂教学的常态了，课堂上出现一系列变动不居的场景也就在情理之中了。教师根据课堂教学中生成的各种资源，形成后续的、新的教学行为。动态成为常态，生成成为过程，这些教学的新要求，是上课时教师需要灵活掌握的，也是本书所要介绍的。希望通过本书，教师不仅能获得教学的新理念，同时能获得基本的教学策略。

5.《走出教学雷区》

由于学识、经验、能力、性格、思维等诸方面的限制，教师由于认识和行动上产生了偏差，在教学过程中走入误区在所难免。本书列举了日常教学工作中教师常出现的一些问题甚至错误，分析这些问题产生的根源及这些问题在教学中的呈现形式，提出解决的方案，引导教师避免或者走出误区，通过"行动—反思—再行动—再反思"，引导教师做一个反思型教师。促进教师在专业化的道路上更快地成长和进步。

6.《让学生出类拔萃》

在学校里，尖子生往往是重点培养对象，集"万千宠爱于一身"。但是作为教师，不能忽视对他们的培训和教育。教师应该正确认识和了解尖子生，做好培优工作，积极引导，严格要求，满足他们强烈的求知欲，充分施展其才能并通过尖子生积极进取的态度、较好的学习方法影响和帮助其他同学共同发展，使全体学生成绩不断地推进。

对尖子生的培养是一项艰巨而漫长但又极具乐趣的工程，希望通过本书的学习，我们的教师都能发现千里马，精心、尽力培养，让他们跑得更快、更远！

7.《一对一教学》

在中国，"一刀切"式的教学方法普遍存在于课堂中，然而每个学生特点各异，只有建立在了解学生基础上的个性化教学才能使学生受益无穷。

不是崭新的课本、新潮的教学技巧，也不是最新的教学设备，唯有优秀的教师才是学生成功的关键。坚信我们有责任坚持不懈地寻找和发现优秀的孩子，我们也要认识到每一个孩子都与众不同。本书致力于了解学生并找到适合各个学生的教学方法，因材施教。

8.《让课堂动起来》

教师如何形成新的课堂教学艺术技巧、如何让课堂变得更加生动有趣，这正是本书论述的要旨所在。

教师要上好一堂课，除了要有热情与高度的责任感之外，还要有渊博的知识和一定的讲课技巧，教师必须认真备课、多动脑、多想办法，有了一定的授课技巧，课堂就会时时呈现出精彩！

9.《不怒自威》

本书以清新的笔调、翔实的案例向教师娓娓道来：要树立起自己的威信，教师除了要师德高尚、敬业爱生、专业精湛、诚实守信、仪表得当，还要宽严有度、教管有方、赏罚分明、公平公正。只有这样，学生对教师才能心悦诚服；也只有这样，教师才不会在"学生难管"的哀叹中失落教育的权威。

10.《好学生是怎样炼成的》

行为变成习惯，习惯养成性格，性格决定命运。一个动作、一种行为，多次重复，就能进入人的潜意识，变成习惯性动作。习惯对每个人梦想的实现、命运的选择起到了决定性作用。青少年正处于一个习惯的塑造和培养期，养成良好的习惯会让每个学生都成为好学生，会使其受益终生。

11.《与差生说拜拜》

本书以新颖的创作手法和情真意切的教育语言从多个方面阐述了怎样对后进生进行转化，如何正确认识后进生，坚守对后进生的教育之爱，唤起后进生向上的信心，解开后进生的"心结"，加大对后进生的学法指导，提升后进生的自身能力，善用工作技巧来解决后进生问题，走出教育后进生的误区。本书有较强的可读性、针对性、实用性和操作性，对教师转化后进生的教育工作有实际性的参考和切实有效的帮助。

12.《从管到不管》

课堂管理艺术和技巧是以学生发展为本的，是教师教学智慧的新表征，是教学实践的经验概括和理性提升，本书所阐述的艺术和技巧是简约、实用、可操作、可借鉴的。教师通过对本书的阅读，能够在新课程实践探索的道路上，不断更新课堂管理理念，优化课堂管理行为，形成新的教学本领和新的课堂管理艺术，让课堂教学焕发出生命的活力。

13.《把握好教学心理》

为了帮助读者成为"有意识的教师"，作者提出了若干问题以引导学生思考和学习，并列举大量课堂实例，作为实践范例。本书鼓励教师去思考学生是如何发展和学习的；鼓励教师在教学之前和教学过程中做出决策；鼓励教师思考如何证明学生正在进行学习、正在迈向成功。本书反映了当前有关的新理论与新进展，所介绍的各种研究结论在课堂实践中得到了验证与应用。该书所倡导的兼收并蓄的均衡教学为教学的专业化发展奠定了基础。

14.《完美的班规》

优秀的班集体需要制订切实可行、行之有效的好班规。本书采用了通俗的创作方法，把死板的道理鲜活化，把教条的写法改变为以案例为主，以分析、评点为辅，把最先进的教育理念和方法融入有趣的情境。经典的案例、情境式的叙述、流畅的语言、充满感情的评述、发人深省的剖析，娓娓道来、深入浅出，让教师更充分地领会先进、有效的教育方法。

15.《让问题学生不再成问题》

班级里总有那么些学生：有的顶撞老师，经常迟到；有的对同学暴力相向，甚至离家出走。教师在他们身上花费很多精力，然而收效甚微。教育这些学生需要耐心，更需要教育的智慧。

本书是一部针对这一现象为教师提供方法的教育研究专著，也是一部关于问题学生的教育学通俗读物。本书以教师最头痛的学生为突破口，努力在这个问题上把智慧型教育理论化、具体化、可操作化，且适当规范化。这既是教育学生的一本"医书"，也是教师科学思维方式的培训教材。

16.《消除师生间的鸿沟》

本书在编写中，尽力以轻松的笔调来谈论教育中的师生关系这一问题，以求能让读者在阅读中有快乐、有启发、有思辨。本书每一篇章采用夹叙夹议的编写风格，叙述的是事例，议论的是道理。为了最终能让读者更广泛、更深刻地明白教育道理，本书一般通过"生活事例—生活道理—教育道理—教育案例"这种内外结合、纵横交错的行文方式，实现"顺理成章"的阅读品质。

17.《用活动管理班级》

随着社会和教育的发展，我们对班级的认识也经历着一个相应的发展历程。班主任的角色定位与对班级性质的认识应该是相匹配的。班级活动作为班级功能主要的承载体，在功能、形式和内容上同样需要在新课程背景下重新定位。本书紧扣班主任专业化发展这一核心理念，从班主任实际工作需要出发，由案例导入理论问题，又理论联系实践，突出案例教学与活动的组织和设计；不仅贯彻教育部提出的针对性、实效性、创新性、操作性等原则，而且便于进行系统、有选择性的培训。

18.《学生奖惩艺术》

现在的学校普遍提倡激励教育，少用处罚手段，认为处罚只能打击学生的自尊心，使学生丧失上进和改正缺点的动力。但是，激励不是万能的。教育不能没有处罚，没有处罚的教育是不完整的教育。本书针对教师如何奖励和处罚学生进行了系统而深入的分析和探讨，并提出了解决这一问题的新思路、可供实际操作的新方案，内容翔实、个案丰富，对中小学教师颇有启发意义。本书体例科学，内容生动活泼，语言简洁明快，针对性强，具有很强的系统性、实用性、实践性和指导性。

19.《永葆教育激情》

谁偷走了中小学教师的激情？教师职业倦怠的原因在哪里？克服倦怠的具体行动有哪些？如何正确认识和驾驭工作压力？……这些问题就是本书要为你回答的。本书对教师的职业倦怠进行了系统而深入的分析和探讨，并提出了解决这一问题的新思路、可供实际操作的新方案，内容翔实，教案丰富，对中小学教师颇有启发意义。

20.《超级班级管理法》

班级管理是门艺术，大凡艺术殿堂的攀登，都需要自觉的奉献；班级管理又是门科学，涉及科学领域的探索，必依赖智慧的涌动。本书是多位优秀班主任集思广益、辛勤笔耕的结晶。一是具有实用性，所选的问题都来自班主任的实际工作，容易引起班主任的认同感。二是具有可操作性，提出的应对方法都简便易行。三是具有时代性，所选问题与当前课程改革及学生实际相结合，具有浓厚的时代气息。

由于时间、经验的关系，本书在编写等方面，必定存在不足和错误之处，衷心希望各界读者、一线教师及教育界人士批评指正。

编者

不怒自威

C 目 录
ONTENTS

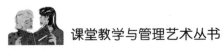

第一章

打好树立威信的基础

用人格影响人格

俄罗斯教育家乌申斯基曾说："在教育中，一切都应以教育者的人格为基础，因为只有人格才能影响人格，只有人格才能形成性格。"教师的人格对学生有最具体、最直接、最深刻的影响。

据《中国教育报》报道，我国中小学班主任近 500 万。如果请你说出你所知道的著名班主任的名字和他们的思想，你能说出几个呢？ 10个？ 50个？即使你能说出 100个，但也仅仅是班主任大军中的五万分之一。魏书生、李镇西、窦桂梅、任小艾、张万祥……寻觅他们的成功之路，走进他们的教育故事，你会发现虽然他们的思想与理念精彩纷呈，他们的带班方式各有千秋，但他们身上所散发的个人魅力却是那样的相似：

激情——教育者的一种状态，它能让你始终保持初出茅庐时的工作状态；

爱心——教育者的一种品质，它能让你包容一切孩子和孩子的一切；

创新——教育者的一种能力，它能让你的每一天都不是昨天的简单重复；

沟通——教育者的一种武器，它能让你拉近与他人心灵的距离；

敏感——教育者的一种机智，它能让你捕捉住每一个教育契机；

反思——教育者的一种习惯，它能让你不断挖掘自己成长的潜力……

许多年轻班主任总是希望能一下把那些优秀班主任的经验学到手，能为我所用。孰不知，单纯的模仿只能是形似而不能神似，只能学其表而不能及其里，只有植根于教师高尚人格这块沃土，那些优秀的经验与思想才能绽开绚烂之花。因此，教师要提升威信，必须先从完善自身的人格做起。

如果你习惯了睡懒觉，就不要责怪孩子总是迟到；

如果你没有认真备课，就不要责怪孩子在你的课堂上无精打采；

如果你不善于表达自己的爱心与情感，就不要责怪孩子的冷漠；

如果你总是戴着有色眼镜看学生，就不要抱怨孩子与你越来越远；

如果你总是对生活充满怨气，就不要指望孩子身上能焕发出生命的活力……

人格魅力是一个人在成长过程中对来自家庭、社会、人生、学识等方面的积极、健康因素的凝聚和综合。人格魅力一旦形成，就能成为取之不尽、用之不竭的教育资源。如花朵绽放，清香四溢；如清泉流淌，清新扑面。哪怕一个眼神、一个暗示，都会形成人格魅力的磁场，让学生感受到截然不同的教育氛围：一种让人轻松的教育氛围，一种让人消除戒备和不满的氛围，一种让人为自己的偏执和鲁莽感到惭愧的氛围，一种让人敞开心扉、乐于沟通的氛围。这种氛围正是教师和班主任工作成功的基础。

我们先来看一篇初中学生写的文章：

我的初中班主任

初中三年是我人生中的转折点，在这三年中，我学到了许多东西，同样也为我以后考上省重点中学打下了坚实的基础。我很感谢每一位教我的教师，当然最应该感谢的是我的班主任——王靖。

也许是因为第一次带班没有经验，她经常组织班委开会，了解班里的情况，而且每一天都会在一天的课程结束之后，对当天我们的学习与工作做总结。她家离学校很远，差不多一个小时路程，但无论是刮风下雨还是我们补课到很晚，她都会等我们，就算没有发生什么事情她也会留下来和我们聊聊，时不时地鼓励我们。

为了与家长有很好的沟通，她自有一套方法。我们每个人都有一本"家庭联系本"，每天她都会写下每一个人的表现，当然有好也有坏，而且要求家长签字。这个方法也许很麻烦，可是这样做让家长及时掌握了孩子的情况并与教师有了联络。

在课上她是教师，在课下她就是大姐姐，完全没有教师的架子，很随和，和我们一起玩。最让大家喜欢的是，有事和她说，她绝对会像朋友一样帮你保守秘密，而且热心地帮你解决困难。

说她是大姐姐一点没错，因为她在我们面前会生气也会哭。有一次，她留我们全班背书，留了很久，大家很不耐烦。她很着急，可是似乎时间久了，大家了解了她的脾气，况且私下里和她相处得非常融洽，于是大家就不太认真去背书，拖了很久还是没有人去背给她听。

那次她真的很生气，把我们都吓坏了，平时看来很温柔的她，生起气来也很吓人，没有人敢再说什么。最后，我去办公室把她请了出来，全班给她鞠躬道歉。当时，她哭笑不得，不过经过这么一吓，很快大家都背完了书。因为是班长，所以我与她接触的时间比其他同学要多得多，我们私下里是很好的朋友，我们之间无话不说。有段时间班级里不是很平静，一件事接着一件事，把她压得很累，我和她共同研究了很久，对班上的情况一一做了分析，最后想了不少的方法去处理这些琐事。在她的带领下，我们班从一个普通班变成了一个优秀的班级，无论在学习上还是在其他方面，我们都比其他的班要出色很多。她自己在不断地摸索，从中得到了收获，但我们每一个人都知道她为我们付出了太多太多。

……

我们不妨再看另外一篇文章：

长大后我就成了你

纪念因癌症去世的初中班主任——吴冠华老师。

我可能是班上最早知道这一噩耗的人吧，在将消息登上校友录的时候，说真的心里也没有太去想什么，但有些藏在内心深处的东西是永远也抹不掉的，一旦打开仍是万般滋味涌上心头。

不知道其他的校友是否也能常想起，那句吴老师的家乡话口头禅：无所谓。为此，当时班上的语文课代表还专门写了一篇文章刊登在《中学生报》上。遇到难题了"无所谓"，遇到困难了"无所谓"，甚至我们犯了错误也"无所谓"，这并不代表她纵容我们，而是一种胸怀和境界的体现。对待十四五岁的孩子，重要的不是在当时管教住他们，而是让他们明白道理，使他们每个人都一直走好各自的人生路。

吴老师像慈母，对待我们就像对待她长不大的孩子，无论你犯什么错误，她都耐心地跟你讲道理。虽然当时觉得她很啰嗦、很烦，但直到我现在也当了班主任，也不厌其烦地给我的学生讲道理的时候，我才体会到她的良苦用心。但有一次在她的物理课上，我偷偷地在下面看体育报纸，吴老师发现后当场就把报纸没收了，并用我从没见过的严厉的眼神看了我几眼，整个过程没有一句话，事后她也没找我。但从此在她的课上我再也没有走过神，那个眼神我现在还记忆犹新。

有一天，不知道是因为什么事情，我们又让吴老师生气了，好像是上课总有人讲话吧，具体我也记不清了。吴老师照例又跟我们讲道理，但这次讲着讲着，她竟然哭了起来，我们顿时都惊呆了。这一哭也是我们成长的催化剂，结果是上课讲话最凶的几个学生，当然也包括我，一个个跟班上同学打招呼，要求上课时不要再说一句废话。

在刚工作的时候，我还对吴老师有点看法，认为当时我们都不怕她，她从不对我们发火，于是就管不住我们了。因此，我一直也以自己严格管理班级而沾沾自喜，但从吴老师去世后我想了很多，也明白了教师的意义。想做一个严厉的教师很简单，可以说人人都能做到，但要做一个能打动学生内心、走进学生心灵、改变学生人格的教师却很难。当你的学生一次又一次犯错误，甚至是犯同样的错误时，你还能很耐心地循循善诱，还能一如既往地教诲，没有丝毫的怨恨，这才是做教师更高的境界。

看看现在的学生，再想想自己，真的有很多话想对他们说。我们都是从那飞扬的青春年代过来的，小时候总认为老师约束得太多，总想显示自己的特立独行，事后想想真的是太过幼稚。所以还是那句话，珍惜现在所拥有的。请少一些抱怨，多一些行动；少一些浮躁，多一点成熟。青春是美好的，也是短暂的，何不让它绽放出最绚丽的光彩呢？

我想，更好地做好现在的工作是我们对吴老师最大的追忆和敬意，吴老师会在天堂看着我们成长的！

这两篇文章告诉我们，教师的人格魅力具有强大的感召力、凝聚力和向心力。作为教师，我们必须在实践中积累自己的人格魅力，在学习中升华自己的人格魅力，才能让自己富有威信。

尊重，树立威信的起点

有位教师说过："有威信的教师都是能够尊重学生的人。尊重是树立威信的起点。"这话不假。

尊重是人的高层次的心理需要。这不仅是成年人的心理需要，也是孩子的心理需要，而成年人往往忽略了孩子的这一不亚于穿衣吃饭，甚至比穿衣吃饭还重要的需要。从小被人尊重的人，有很强的自尊心、自信心，容易形成完善的人格，或者说孩子会自己努力用完善的人格来维护自己做人的尊严。被人尊重的孩子也会去尊重别人，如果我们所有的孩子都是这样，那么我们整个民族的自尊感就会提高。

你要把孩子当作一个独立的人，你就会尊重孩子。可我们往往只重视孩子的学习成绩怎么样，一味希望孩子能听我们成年人的话，常常忽视孩子的需要，不考虑孩子在想什么，不体谅孩子的处境，不顾及孩子的自尊心，不了解孩子的苦恼和心理上的障碍，只凭着我们想象的情况去教育孩子。一旦孩子的行为出乎我们的意料，或者没有按我们的要求去做，我们就可能对孩子不满意，甚至批评或采用其他方法来惩罚孩子。这样，很难达到师生关系的融洽，也很难进行师生情感的交流和师生心灵的沟通，对培养孩子健康的心理素质极为不利，对孩子健全人格的形成危害极大，同时也有损于教师的威信。教师尊重学生，不是一个方法问题，而是教育思想、教育观念问题，我们必须高度重视。

我们尊重孩子，会使孩子的自尊心得到保护，自信心也得到鼓励，这样做能够保护孩子的创造性，调动孩子学习的积极性和主动性，使孩子懂得自爱，懂得做人的尊严。有一位教师在我们班上了课，说："你们班的孩子往那一坐，好像都是好学生。"这就是每个孩子都被尊重的结果，这就是我要达到的教育目标。

不尊重孩子，就谈不上教育；只有尊重孩子，才能教育孩子，包括淘气的孩子。这是做好教育工作的非常重要的问题，也是树立教师威信的关键。

那么，怎样做才叫尊重学生？

老师要做到尊重学生的人格、尊重学生的情感、尊重学生的爱好、尊重学生的权利、尊重学生的需求、尊重学生的意见、尊重学生的创造，甚至也要尊重学生的幼稚和失误。

有严重行为问题的孩子更需要尊重。因为他们也是独立的人，他们也有一个丰富的内心世界，他们也有被关注、被认可、被爱的强烈愿望。这些孩子的不良行为的产生原因是多方面的。有家庭教育不当，有社会的负面影响，也有学校教育的失误。我认为，责任不在于孩子。请看下面这个案例：

1999年11月1日，我接了六年级一班的语文课。这个班有一个同学叫小郭，众所周知，他非常淘气，不爱学习，爱随便打人骂人，不服从教师教育，甚至骂教师，学校给了他处分。接班前，对他的情况我有所耳闻，根据我的了解，他之所以会这样，主要是他的家庭教育存在严重问题：父亲打，母亲娇惯。当然，在学校也有同学歧视他。我接班的第一课，首先在黑板上写了"尊重"这两个大字，讲了人和人之间要互相尊重的道理。我讲了尊重是相互的，师生之间、同学之间都要互相尊重，我特别强调了教师对学生的尊重和大家对缺点比较多的同学的尊重，要对他们多一些理解和同情，要相信每一位同学的内心深处都会有一块真、善、美的领地，大家要用自己的真诚呼唤出这些同学心中的真、善、美，给他们树立进步的信心。同学们听得非常专注。我的这番话为小郭同学的进步奠定了一个人际关系和行为改变的环境基础。即想要改变小郭的行为，首先要改变同学们对待他的态度，为他的行为改变创造一个有利的条件。

当天晚上，我给小郭的父亲打了电话："我是小郭的新语文教师，我有信心使小郭在原有的基础上进步，目前希望您配合的只有一点，就是从今天起，您不要再打小郭了，可以吗？""可以。""谢谢您的配合。"实际上，只要教师不向家长告状，家长就不会打孩子，所以我和班主任说好，不轻易告状，班主任也答应了：实际上，要想改变学生的行为，首先要改变教师和家长的行为。因为我是在期中考试之前接的班，所以一开始就上复习课，我讲了"的、地、得"三个字的用法之后，让学生做填空练习，我问："'的'的后面应该填什么词？"我叫起了小郭，他还没有说话，教室里就出现了一阵哄笑声，意思是他不可能答出这个问题。我制止了同学们，就在这时，小郭答道："'的'的后面填名词。"教室里一下子特别安静了，我说："同学们，刚才大家的笑是对小郭的不信任。我请大家记住，要尊重每一个人。"我接着问："'地'的后面应该填什么词？"这回小郭把手举得高高的，我在很多同学都举手的情况下又一次叫起了。小郭他非常自信地答道："'地'的后面应该填动词！"他像将军打了胜仗一样高兴，异常兴奋地对大家说："难道不该给小郭一点掌声吗！"教室里响起了热烈的掌声。听到大家的掌声，小郭的脸上露出了笑容。这就是小郭进步的起点，我又告诉同学们："根据小郭的基础，只要他和大家做的一样，那就是进步，我就要表扬他，也希望大家睁大眼睛关注着他的进步。"大家觉得我说得有道理，为他的进步创造了一个友好的氛围。从此，他上语文课能够遵守纪律，也能听讲了。

讲《松坊溪的冬天》这节课时，我找同学念第19节，小郭又举手了，我说："小郭能积极参与学习，我们特别欢迎，他就是念错了，我也不批评他。"我是在给他解除怕别人讥笑的精神负担，也是在提醒同学们要鼓励他的点滴进步。他站起来，大声地读着课文，只在一个地方打了一个磕巴，没有念错一处！他的声音一停，同学们马上给他鼓掌，使他感受到了成功的喜悦。这件事他写进了自己的作文中，其中有一句是这样写的："我刚念完课文，孙老师就笑了，教室里响起了热烈的掌声，同学们是在为我的进步鼓掌，也是为孙老师的教育方法鼓掌。"

我接班不久，了解到不少同学都爱欺负一个在五年级时转来的同学，我决定解决这一问题。恰好，一天社会课教师没来，我就在班上讲了用自我批评的方法来解决同学之间发生的矛盾。据我了解，这个班原来没有这个习惯，于是我在黑板上写了"自我批评"四个大字，讲了我过去的班级的同学是如何运用这个方法达到团结的。之后我说："我们班的小张已经转到我们班好几个月了，我们应该让他感到六年级一班是个温暖的集体，遗憾的是，我们班部分同学对他不够友好，今天我希望曾经这样做的同学能够做一下自我批评，给小张同学道个歉，使我们班真正成为一个团结友爱的集体。"我讲完之后，教室里静了一会儿，一个同学举手做了自我批评，没想到第二个举手的就是小郭，他说："对不起，过去我也欺负过你，以后我一定不这样做了，我向你赔礼道歉。"我马上说："你们两个给大家开了一个很好的头！"

一个课间，有同学忽然告诉我："孙老师，有同学打架了。"我马上走出办公室，看到一群同学中，小郭正使劲抱着一个同学，我心里一紧，又是他打架了？走到跟前，才发现小郭是劝架的，他为了不让那个同学继续打，就抱住他。其他同学也劝住了另一个同学。同学们看我来了，大家就僵持在那里了。这时，小郭和其他同学就提醒打架的两个同学："各自做自我批评。"于是，打架的同学做了自我批评，一场纠纷就解决了。为了强化小郭的这一优良行为，我不光个别表扬了他，在班主任上课时，我特意进教室当着全班同学又表扬了几个劝架的同学，还特意让他们站起来让大家看看，大家看到有小郭，都为他的进步高兴。

后来，我了解到他能主动借给同学东西，把别人掉在地上的东西捡起来放回原处……我了解到什么，就表扬他什么，用这种正面强化的原则促使他一步步矫正自己的行为。

我接班后，小郭的进步还是很明显的，但是他的进步总是不很稳定。有一天，我忽然听到一个同学嚷道："小郭在计算机课上又犯错了！"我找来小郭问："怎么回事？""今天我不去承认错误。"他不回答我的问题，一上来就说出这么一句话。"为什么？""小张骂我。""那是他的错，你呢？""学校换了新电脑，我不会，就去同学的电脑上打，老师把我的电脑关了，小张就跟老师说：'别理他！'要是在过去，我早打他了。""这就是你的进步。你去动别人的电脑是错误的。你说是不是？""是。""那么，错了就要承认错误。对不对？""对，我向张老师承认错误。"停了一会儿，我又说："我希望你进步，你知道吗？""知道。""你能进步是很不容易的，你要珍惜！我希望现在是你一生的转折点。""是这样的，过去我就是不想写作业，现在就像变了一个人似的，是我自己想写作业的，上语文课时，我要是不遵守纪律、不学习，就觉得对不起您。"接着，他又说，"过去我一个朋友都没有，他们都把我当坏人，现在我有好几个朋友了。过去我爸爸几乎天天打我，您给我爸爸打了电话，我爸爸就再也没有打过我。"我的感受是这个孩子挺可怜的。说着说着，他忽然问我：

"孙老师，您哪天生日？""你问这个干什么？"他哭了，一边哭一边说："您对我太好了……我想长大了报答您……我有您这样的老师，觉得很幸福。"我激动地握着他的手，被感动得热泪盈眶，说："小郭，听了你这几句话，我非常非常感动。"

计算机课的老师来了，小郭赶紧站好："张老师，我错了，请您原谅我！"说着他又哭了，是他自己主动向老师鞠了躬，非常诚恳地承认了错误。老师原谅了他。

小郭说的话对我触动很大。面对着一个问题很多、很淘气的孩子，假如我们不去倾听他的心声，不去关心他的处境，只是一味地指责他的错误，我们把这样的孩子当作"人"了吗？他的这一番话我听以后，感觉是惊心动魄的！这说明每个孩子都有一个丰富的内心世界，有着自己的苦辣酸甜。作为教师，必须理解孩子、尊重孩子，设身处地地想想孩子的需求是什么，帮助他们解决问题，保护他们的心灵不受伤害。只有先做到这些，才能谈到对他们的教育。

大年初一，小郭的爸爸给我打电话拜年，说："告诉您一件事，前几天，小郭在家里犯了错误，能够主动对我说'爸爸，我错了。'这是从来没有过的现象，我问他为什么能够这样做，他说是孙老师教育我这样做的，我非常感动，谢谢您了，孙老师！您家住在什么地方，告诉我，我一定到家里好好谢谢您！"我说："您不用来我家。您告诉小郭，我听到他能够在家里主动向您承认错误，非常感动，这就是他送给我的最好的春节礼物。"

后来，学校撤消了对小郭的处分。他也作为一名合格的毕业生从史家胡同小学毕业了。可以说，小郭的转交是我继续学习教育理论、更加明确尊重孩子的结果。教育理论提高了我的认识，开阔了我的思路，丰富了我的方法，提炼了我的经验，增强了我教育学生的信心，也增强了我在学生中的威信。

这个案例中的班主任那种敬业精神值得我们学习，对我们如何树立威信是很有启发意义的。

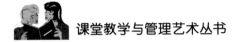

先有金刚钻，再揽瓷器活

作为一名教师，要想在学生中拥有较高的威信，就必须要有拿得出手的"真功夫"。俗话说：没有金刚钻，别揽瓷器活。没有过人的本领，没有高超的教学能力，如何能让学生服你？建立威信又从何谈起？

所以，教师在专业发展、建立威信的过程中，需要掌握必要的基本能力。那么，教师如何才能更好更快地掌握必要的基本能力呢？

实践证明，快速提高教师教育教学能力的渠道，就是有意识地把自己置身于具体的教育教学情境之中。这个情境可以是自己创造的，通过对自己的教育教学行为进行反思，寻找提高的途径；也可以是一切可以利用的教学资源，如参加师徒结对，学习导师的教学基本功与教学技巧、艺术，通过导师手把手的示范，在"做中学"中揣摩导师教学模式与风格的真谛等。

一、掌握教育科研常用的方式和方法

教育科研的价值在于什么？在于激发教师的创造激情，激活教师的创造灵感。苏霍姆林斯基指出："教育科学只有当它去研究和解释那些最细微、最复杂的教育现象相互依赖和相互制约的关系的时候，才会成为一门确定性的科学和真正的科学。"中小学的教育科研要从经院式、纯理论的"空对空"研究的束缚中摆脱出来。因为，对于中小学教师来说，职业的特点决定了他们所进行的教育科研更多地倾向于"教育叙事研究"，对发生在校园里、学生中一个个鲜活的故事进行理性思考，使教师的教育更加充满智慧，教师的教育教学行为更加科学、更具有实效性。

学校的教育科研关键在于观念和意识，不在于具体的方式和方法；教育科研课题的选择应该是自下而上的过程，而不是自上而下；教育科研应该注重内容和过程，不是注重形式，也不单是注重结果。

教师的视野往往局限于课堂教学，这种较低层次、较窄的范围，影响着教师专业发展的步伐。

教育科研应该遵循实践性、创新性、可行性的原则。中小学教师的教育科研主要有以下方式：

（1）教育叙事研究。叙事主义者认为，人类经验基本上是故事经验，研究人的最佳方式是抓住人类经验的故事性特征。教育科研也应该以教育叙事研究为主，所考察的对象便是教师所积累的教育教学经验和现象。教育叙事不简单地等同于一般的讲故事，而是将发生在教师日常教学生活中的"教学故事"，借助于理论与研究方法，以研究文本的方式展现出来，记录有关教育经验故事的同时，撰写有关教育经验的其他阐述性故事。这种研究活动的内容都是教师日常教育教学过程中发生的事情，由教师自己向他人讲述这些事件，提出一些自己的思考与见解，与同行进行深入的讨论。

（2）反思性研究。教师对自己的教育教学行为及由此产生的结果进行审视和分析，总结经验与教训。

两位美国生物学家做了这样一个实验：他们先在两个玻璃瓶中，一个装进 5 只苍蝇，一个装进 5 只蜜蜂，然后将玻璃瓶的底部对着有光亮的一方，而将开口朝光线暗淡的一方。几个小时后，他们发现，5 只苍蝇最后全找到了开口的一端跑掉了，而 5 只蜜蜂在撞击瓶底无数次后全都死在了玻璃瓶里。研究分析，根据蜜蜂的生活经验，它们总是认为有光源的地方就有出口，所以每一次总是全力以赴地冲向光源方向，即便是冲在前面的同伴经过几次的撞击终于殒命瓶底，它们也不假思索地前仆后继。而苍蝇没有蜜蜂这样的经验，更重要的是，几次在瓶底碰壁之后，它们改变了单一线路，终于在瓶口找到了出路，完成了自救。

这个实验给我们带来的启示是：教师要积累经验，更重要的是要不断地反思经验和更新经验，这对于自身生存与专业发展是有着直接关系的。

（3）案例解读式研究。案例是一种描写性的研究文本，通常以叙事的形式呈现，它基于真实的生活情境或事件。案例可以成为教学中的一个例证，可以作为情景模拟、决策制订和问题解决的模板，也可以作为教师教学或学生学习反思的催化剂。案例在课堂教学中的引入，可以引发充分的讨论，培养学生观点多元的意识，激发学生的发散性思维，提高他们分析问题和解决问题的能力。对于具体的教育教学案例，教师可以从不同角度出发进行解读，利用教育理论提升对问题的理性认识。案例教学应该以课例为载体进行教学研究，其案例或课例的选择出发点应该是关注和解释来自课堂中的现实问题、来自教师教学实践中的教学行为、教学过程中的得与失。

案例教学是发挥学生聪明才智、改革传统"你讲我听"教学模式的一种好的教学方法。哈佛商学院以案例教学著称于世，这种教学模式是它培养出高层次人才的一个重要的因素。美国500家最大的企业的决策经理中，有三分之二是哈佛毕业的。在哈佛商学院的两年时间内，每个学生要接触800多个案例。为了满足教学需要，哈佛商学院每年要准备6 000个教学案例，其中三分之一是近三年内发生的事情，并且每年都更新四五百个，使学生了解最前沿的信息，提高分析问题和解决问题的能力，增强时效性。哈佛商学院在案例教学中，通过学生的思考、讨论，提出解决问题的具体对策，并且鼓励对策方案的多元性和创新性。提高学生的"实战"能力。这种讨论是否有正确的答案不重要。重要的是每个人都积极参与其中。在讨论中，答案往往不唯一，有时甚至没有答案，这样做的目的在于鼓励、引导学生充分地展示自己，培养独立思考和创造的能力。这对我们的"原理教学"是否有些启示呢？我们的思想品德、历史等课程是否可以借鉴呢？

此外，还有对话、引领式研究，就是教师将发生在教育教学中的具体问题，与专家进行理论探讨，以得到专家的专业引领和指导的一种研究。

二、具备必要的写作能力

教师开展教育科学研究需要具备一定的写作能力。但从目前的情况来看，教师的写作能力差是一个较为普遍的现象。许多人连一般的总结、计划、读后感都写不好，更不用说写出一篇像样的论文了。为什么会出现这个问题？这与我们师范教育的办学模式有关。学校重视专业知识，忽视能力和人文素养的培养。在实际工作中，无论是学校还是教师本人，一般都不注重写作能力的训练，教师只能"说"不能写的现象普遍存在。很多教师总结不出自己或者他人的教育教学经验，对问题发现和解决办法方面的提炼与总结缺乏深度，这也是影响教师专业发展的一个重要因素。

三、灵活把握教育教学思想

因材施教。教育教学的过程没有固定的模式，应因人、因事、因环境而异，对待不同的学生、不同的教学内容，处在不同的教学环境，就应该采取不同的方式方法。与此同时。因材施教也应该与教师的教学风格、个性特长相匹配。

授人以渔。赞可夫提出了"使学生理解教学过程"的原则，强调要使学生掌握学习的方法。教师在教学过程中就应该引导学生具体问题具体分析，灵活运用所学的知识解决实际问题。

潜移默化。这里包括学校环境、教师的人格魅力、学校文化等有形或无形的"隐蔽课程"。这些时时处处地影响着学生，对学生身心发展起着积极的作用。教师应该有效地把这些"隐蔽课程"巧妙地融合在学科教学之中。

举一反三。这是启发式教学过程中经常倡导的教育理念，每一位教师也都知晓，但是在教育教学行为中，一些教师却没有贯彻这一理念。教师也要求学生"举一反三"，可自己并没有给学生创造"举一反三"的环境，也没有启发学生掌握"举一反三"的基本要领。教师在教学设计上没有考虑到这一点，所讲授的内容没有引导学生进行联想、拓展，没有深化教学内容，学生怎能具有"举一反三"的意识和能力呢？因此，"举一反三"应该先从教师本身做起。

开而弗达。指的是引导学生，使学生"开窍"。教师不能越俎代庖，让学生亦步亦趋地跟在教师的后面，吃教师嚼过的剩饭。这样做好像达到了当场解决问题的目的，解了学生的"惑"，但并没有使学生掌握解决问题的方法，学生对问题的认识也不够深刻。这时，教师的引导作用就凸现出来了。教师要引导学生开动脑筋，发挥团队精神，研究切磋问题，最终达到融会贯通的目的。

罕譬而喻。启发式教学应该避免喋喋不休地说教，或者运用漫无目标的"题海战术"。教师应该花费最少的时间，利用精练的教学语言，把问题分析透彻，组织有效的讲练结合活动，从中发现问题并进行及时的纠正、答疑，使启发式教学达到最优化的状态。

启发式教学要避免走入形式主义的死胡同，不能只注意回答问题的形式，借助于实物比喻，应该注意内在关系。比如：

> 有的教师在德育教学中，为了启发学生什么是好人与坏人、什么是好事与坏事，便指着有一滴水的树叶问学生："叶子上有多少水？"学生回答："只有一滴。"教师接着问："一滴水汇集起来是什么样子？"学生回答说："将是很多水。"教师接着又问学生："那么，一个人是怎么变坏的？"学生说："坏事做多了就会变坏。"教师在肯定学生的问答后进一步问："那么，好人或坏人是怎么形成的？"学生说："是通过做小的好事或坏事。"教师最后总结说："对，好事和坏事一样都是从小变大，正如一滴水可以汇集成大海。"

在这个实例中，教师把"好"与"坏"，"水滴"与"大海"的联系等同起来，以这种问答的形式来启发学生，表面上看似达到了"教育效果"。但由于所列举的实例缺乏内在的逻辑关系，比喻也不恰当，这种没有实际意义的问答过程使得启发式教学的价值大打折扣，甚至造成了学生思维的混乱。

由一滴水到一些水以至于汇成汪洋一片，这只是量的变化，并没有质的变化；而"好事"与"坏事"、"好人"与"坏人"的演变不只是量的变化，其结果发生了质的变化。可能有人会说，在很多情况下会出现量变到质变的演变过程，也会举出许多例子来。但也有许多因"一念之差"铸成大错，使"好人"变成"坏人"，也有一些偶然因素使得"好事"变成"坏事"的情况。由此看来，在启发式教学或说服教育学生时，所列举的例子、比喻等应该恰到好处，才能有作用。

相观而善。启发式教学不仅仅局限于师生之间，还应该在教师的引导下，开展生生之间的相互探讨和研究。这样做的目的在于提高学生学习的主体地位，激发学生学习的积极性，增强学生自我管理、团队合作能力。这种启发式教学是高层次的。

四、需要灵活、有效的沟通

沟通的方法很多。我们往往将沟通仅理解为正向的沟通，也就是说通过谈心、表扬等方式进行，很少把那些批评、惩罚等也视为沟通。

尊重、信任、赏识学生是应该的，但这并不意味着在教育中不能有批评，因为正向的激励并不是万能的，关键是批评应该讲究策略。1923年，担任美国总统的约翰·卡尔文·柯立芝的一位女秘书，长得漂亮，但就是工作粗心大意，常常出错。一天早上上班时，柯立芝看到女秘书，便说："你今天穿的衣服很漂亮。"女秘书听到总统这样夸她，非常高兴。柯立芝接着说："不过不要骄傲，我相信你的公文也会处理得跟你一样漂亮。"果然，女秘书工作认真了，公文的整理也很少出错了。有人问柯立芝是怎样想到这个巧妙办法的，柯立芝说："你看见理发师给人刮胡子了吗？先要给胡子抹上肥皂水，为什么？因为这样刮起来不疼。"

家访也是一个沟通的渠道。家访的目的不仅仅是了解学生的家庭背景、学生问题发生的原因，以及与家长共同商量对策，更重要的是教师通过家访与家长建立一种互相沟通的渠道，通过诚挚的对话交流，达到相互信任。有效的家访，可以增进学生与教师的亲近感，拉近教师与学生之间的心理距离，从而使教育在家长的有效支持与配合之下收到良好的效果。

课堂教学的过程也是师生沟通的一个过程，这种沟通一般是指教师的语言，也就是表达。这就需要教师根据课文内容的感情基调与学生接受能力状态、情绪来调整自己的语言表达技巧，使语调、语速适中，能表达出轻重缓急。因此，教师在具备在课堂上进行语言沟通这种主观意识的同时，也应当掌握课堂语言表达技巧，以增强教学效果。恰当地使用肢体语言有时会起到引"生"入胜的作用，教师在与学生沟通时可以运用一些恰当的肢体语言表达对学生的关注；微笑、目光这些也都是一种无声的沟通语言，在他们的背后可以表达出教师的主观意图，"无声"胜

"有声"，学生可以从中体味些什么，可以意会到一些东西，可以从中得到激发，也会从中感受到沮丧。那种不顾学生、不顾教学内容的要求，让学生被动地接受学习，都不能引起学生对学习的兴趣。正如马卡连柯所说的那样："只有学会用 15 种乃至 20 种音调来说'到这里来'的时候，只有学会在脸色、姿态和声音的运用上做出 20 种风格韵调的时候，我才变成了一个真正拥有表达技巧的人。

五、不断充实和完善创新性思维

一些教师习惯于经验型的思维方法，不论什么问题，首先在头脑中将其与过去经历过的事件做比较，以经验来衡量所要认识的新对象；有的教师习惯于从原则出发的思维方法，不论什么问题，首先和头脑中事先定好的原则做比较，以原则作为判断是非的标准；有的教师习惯于现实型的思维方法，尽量排除以往经验和原则的影响，就对象本身去认识事物；有的教师甚至习惯于预测型的思维方法，在接触到一个问题时，特别注意思考事物未来的发展。

这些思维方法各有所长，也都各有所短，最正确的是掌握辩证思维方法。要从实际出发思考问题，从普遍联系中分析事物，用发展的观点看待一切，应用"一分为二"的思维方法进行决策，从数量关系上把握适度。

模拟思维方法是使思考内容具体化的一种方法，即根据两个或两类对象之间在某些方面的相似或相同，而推出它们在其他方面也可能相似或相同的一种逻辑思维方法。应用模拟可以使说服教育工作具体化，从而收到单纯说理所不能取得的效果。

有一个"危如累卵"的典故。说晋灵公贪图享乐，竟花费大量人力、财力建造九层之台，还规定谁要进谏当死不赦。荀息求见灵公，灵公料他为谏而来，便张弓搭箭，只待他有半句谏言，就一箭射死。谁知，荀息只是笑着欲给灵公表演小技：在 12 个重叠起来的小棋子上面，再加上 9 个鸡蛋。灵公欣然同意，令其当众表演。荀息叠好12 个棋子之后，开始加放鸡蛋时，众人及灵公无不惊讶："这哪能成？

险矣！"荀息却说："这算什么？还有比这更危险的呢！"并趁机沉痛地说："九层之台，造三年尚未完工，以致无人耕织，国库空虚。况且邻敌欲侵吞我们，长此下去，必将亡国，岂不更险乎！"至此，灵公恍然大悟，自叹"错矣"，遂改之。

逆向思维是一种创造性思维。

印度有一家电影院，常有戴帽子的妇女去看电影，坐在前面的人的帽子挡住了后面观众的视线，观众请电影院经理发个场内禁止戴帽子的通告。经理摇摇头说："这不太妥当，只有允许她们戴帽子才行。"大家听了，不知何意，感到很失望。第二天，影片放映之前，经理在银幕上映出了一则通告，"本院为了照顾衰老有病的女客，可允许她们照常戴帽子，在放映电影时不必摘下。"通告一出，所有女客都摘下了帽子。这是什么道理呢？原来这个经理利用了一些妇女怕别人说她们衰老有病的心理，即戴帽子的年轻人怕别人说她"衰老"，年龄大的不愿意承认自己"有病"，所以都把帽子摘了下来。

前排人戴帽子遮住了后排人的视线，常用的方法是禁止，这是一种常规的思维方法。这种思维方法解决一般常见的问题当然是可以的，如在十字路口，行人见到了红灯，就必须立即停止前进，否则后果就不堪设想。但是，这种思维方法不具有创造性，用来解决特殊问题就显得无能为力。印度电影院经理的做法就高人一等、胜人一筹。

掌握科学的思维方法，首先要突破思维定式。

一个教授给一群学生出了这么一道题：一个聋哑人到五金商店买钉子，先用左手做持钉状，捏着两只手指放在柜台，然后右手做捶打状。售货员先递过一把锤子，聋哑人摇了摇头，指了指做持钉状的两只手指，这回售货员终于拿对了。这时候又来了一位盲顾客……同学们，你们能否想象一下，盲人将如何用最简单的方法买到一把剪子？教授这样问他的学生。有个学生举手回答：很简单，只要伸出两个指头模仿剪刀剪布的样子就可以了。这个学生回答完，全班表示同意。这时候，就听教授说：其实盲人只要开口说一声就行了！

记住：一个人一旦进入思维的死角，智力就在常人之下。

我们教师或多或少地积累了一定的教学经验，做事有了一定的规则，也就是说有一定的工作、教学的习惯，在思维上也刻画出一定的固有的模式。这使我们按部就班地从事教学工作驾轻就熟，起到事半功倍的作用。但是，教师在教育改革的大潮中，面对教育创新的浪潮，要加快专业发展的步伐，这些固有的模式、经验就会起到绊脚石的作用。因此，突破思维定式，才能使自己摆脱旧有模式的束缚。

要学习和掌握训练学生思维的方法。包括：

（1）求证思维。用学过的知识和已得到的生活经验来证明结论正确的思维。

（2）分析思维。按照认知规律，由浅入深，由感知到理性，不断提升认知能力。

（3）推理思维。运用逻辑判断、推理的思维，提升推理能力。

（4）逆向思维。突破思维常规的反向思维，培养寻根问底思考问题的能力。

（5）再现思维。对形象再现的思维过程，培养对往事的再次呈现，加深理解，强化记忆力。

（6）想象思维。在已有的知觉材料的基础上，通过新的组合创造出新的形象，培养由此及彼、由表及里的联想、推测和幻想能力。

六、有效整合与科学使用信息技术

教学基本功是教师教学生涯所必须具有的，这是教师职业特点所要求的，是教师专业发展的基础条件之一。过去我们强调教师要具备一定标准的"三字一话"，即粉笔字、钢笔字、毛笔字、普通话，这是课堂教学所必需的。随着信息技术革命的兴起，信息技术也被广泛地应用在教学领域中。教师面临着如何有效地应用信息技术服务于教学的问题。

教师不仅自己进行课件开发，做好信息技术与学科知识的整合，熟悉网络技术的应用，同时还要指导学生利用信息技术辅助学习。计算机技术大家已经基本都掌握了，但是与科学、有效地把计算机技术运用到实际教学中去之间，还有一段距离。信息技术在教学中的有效运用，扩展了教学的空间，提高了教学的效率。这是一场教育技术上的革命，一改只靠书本、粉笔施教的传统的教育模式，在课堂教学中向学生展示了全方位、多渠道、最直接的视听感受，直观、形象地辅助教学，促进学生对问题的理解。

　　信息技术与课程的整合，要达成以下共识：教师要用活信息技术。信息技术仍是教学的辅助手段，它不能替代教师在课堂教学中的主体地位。教师应借助信息技术的优势，更好地服务于教学。但有些教师机械地使用信息技术，片面地理解多媒体技术，被多媒体牵着鼻子走。在教学的全程中，使多媒体成为教师的"替身"与学生"交流"，而教师则退出与学生交流的行列，成为鼠标的点击者，成为忙于处理画面的附庸。这种本末倒置的做法，失去了倡导在教学中运用信息技术的本意。

　　信息技术不是万能的，其优势明显，缺陷也明显。课堂教学是众多生命体情感交流的场所，在传授知识的同时，时时处处都渗透了师生之间、生生之间情感的交流与分享，这些都需要通过语言、表情、动作等方式来实现，而所有这些都是多媒体技术所不能替代的。这时，教师在课堂上所扮演的引导者的角色作用便显现出来。

　　要进行教学课件的学习与开发。课件制作要与学科教学内容相匹配，要进行筛选后重新组合，浓缩为教学所需要的辅助资源；教师要有效地运用多媒体技术，课堂教学不能成为多媒体课件的幻灯片和动画播放；教师在使用多媒体技术的同时，要注意与学生的互动交流，也要创造条件使学生之间能有更多的合作交流。多媒体技术就像是一把"双刃剑"。也就是说要处理好多媒体技术运用与教师课堂教学之间的关系，关系处理好了就会使教学达到事半功倍的效果，反之就会达不到教学的目的，得不偿失。

　　信息技术是为教学服务的一种手段，它的定位是"辅助"，如果本末倒置，就曲解了在课堂教学中引入信息技术的本意了。

成为专家型教师

一个有威信的教师不能是一个平庸的教师，他应该而且必须向专家型教师靠拢。

一般来说，专家型教师是教师职业生涯的顶峰，也是广大教师努力的方向。所谓专家型教师，主要是指在教育教学的某一方面（主要是学科教学或学术研究领域）有专长，具有良好的教学效能感和教学监控能力，在教学中富有创见，能根据教学情境的变化及时灵活地采取恰当的教学行为来促进教学的顺利进行，具有较高教学质量的教师。

专家型教师首先应具备一般教师所具有的素质：热爱教育事业，热爱学生，能够用教育专业的眼光待人处世，有规范的教师专业伦理；熟悉教学内容，掌握灵活的教学策略，有较丰富的教学经验；能够客观、全面、准确地了解学生的反应；能够把教学内容转换成适合学生接受的知识；能够高质量地完成教学计划；能够富有创新性地进行教学。

同时，专家型教师要参与教育科研工作，要成为研究者，不能只是停留在"知识传递者"的角色上，而是自己在实践中进行研究和探索。

曾在媒体上看过这样一篇文章：

专家型教师与新手教师的区别

国外大量的研究表明，专家型教师与新手教师在课时计划、课堂教学和课后评价等方面有着明显的不同。

对课时计划的分析表明，专家型教师的课时计划简洁、灵活，以学生为中心，并具有预见性。它突出地包括了课的主要步骤和教学内容。在备课时，专家型教师会在头脑中形成包括教学目标在内的课堂教学表象和心理表征，表现出一定的灵活性和预见性。而新手教师则比较关注课时计划的细节，关心如何完成课时计划而很少考虑课堂情境的变化和学生的需要，是一种比较简单、比较孤立的课时计划。

在课堂教学过程中，专家型教师能够明确制订和执行课堂教学规则，有一套有效的吸引学生注意力的方法，能灵活运用多种教学策略。而新手教师的课堂教学规则较为含糊且不能坚持执行下去，常常缺乏或者不会运用教学策略。

在课后评价上，专家型教师关心学生对新材料的理解情况和他认为课堂中值得注意的活动。而新手教师更多地关注课堂中发生的细节，关心自己的课堂表现和教学是否成功。

斯腾伯格等人的研究认为，专家型教师和新手教师的区别主要表现在专业知识、问题解决的效率和洞察力三个方面：

在专业知识方面，专家型教师与新手教师之间最基本的差异在于专家型教师将更多的知识运用于专业范围内的问题解决中，并且比新手教师更有效。专家型教师不仅在知识的量上多于新手教师，而且在知识的记忆组织方式上也优于新手教师。专家型教师拥有的知识以脚本、命题结构和图式的形式出现，比新手教师的知识整合得更完整。

在效率上，专家型教师解决问题的效率比新手教师更高。专家型教师依靠广泛的经验，能迅速完成多项活动。程序化的技能使得他们能将通过自动化而"节约"的大量认知资源集中在教学领域高水平的推理和解决问题上，尤其是在接触问题时，他们具有计划性且善于自我觉察。

在洞察力方面，专家型教师和新手教师都运用知识和分析来解决问题，但专家型教师在解决教学领域里的问题时富有洞察力，能够鉴别出有助于问题解决的信息，并有效地将这些信息联系起来。专家型教师能够通过注意，找出相似性及运用类比推理重新建构手边问题的表征。通过这些过程。专家型教师能够对教学中的问题取得新颖而恰当的解答。

这篇文章告诉我们：专家型教师具有求知欲、主观能动性和自学愿望，有合理的工作方式，有演绎、归纳和类比的能力；在进行一项活动时，具有确定其不同阶段所必须遵循的逻辑顺序的能力；有形成和修改假设、拟订观察计划或实验计划，以及理出事实与现象之间联系的能力；有对收集到的数据材料能够加以处理，使之系统化，并且予以说明的能力，从而得出结论；有独自做出具有科学根据的决定的能力；有清楚、确切、简洁的表达能力。

1.专家型教师的基本特征

（1）有合理的工作方式的知识，有演绎、归纳和类比的能力。专家型教师应具备的知识主要包括所教学科知识、教学方法和理论，适用于各学科的一般教学策略（如课堂管理的原理、有效教学、评价等）、课程材料，以及适用于不同学科和年级的程序性知识。教特定学科所需要的知识，教某些学生和特定概念的特殊方式；学生的性格特征和文化背景；学生学习的环境（同伴、小组、班级、学校及社区）；教学目标和目的。除了拥有这些丰富的知识，专家型教师还能将这些广博的、可利用的知识灵活地组织起来，将演绎、归纳和类比等方法运用到教学中去。

（2）能高效地解决教学领域内的问题。专家型教师在教学领域内，相对于非专家型教师而言，能高效地解决教学问题。专家型教师在自我发展的过程中，他们积累了广泛的知识经验和教学经验，并能够迅速有效地将各种信息联系起来，且只需很少的或无需认知努力便可以完成多项活动。专家型教师对于某些教育技能已经程序化、自动化。这使他们能够将注意集中于教学领域高水平的推理和问题解决上。此外，很重要的一点是，专家型教师善于监控自己的认知执行过程，即在接触问题时他们具有计划性且善于自我观察，在时机不成熟时，他们不会进行尝试，而在教学行为进行过程中，他们又能主动对自己的行为做出评价，并随时做出相应的调节。

（3）善于创造性地解决问题，有很强的洞察力。一般教师和专家型教师都是应用知识来分析解决问题的，但专家型教师能创造性地解决问题，在教学中能够鉴别出有助于问题解决的信息，并能够有效地将这些信息联系起来，重新加以组织。他们的解答方法既新颖又恰当，往往能够产生独创的、有洞察力的解决方法。因而，专家型教师能够对教学中的问题做出新颖而恰当的解决。

2. 专家型教师的素质结构

教师专业化为确立专家型教师质量标准提供了依据。国内外的学者对教师的素质问题纷纷发表了自己的见解，美国学者论述了受学生喜爱的教师特征有三方面：第一，亲童性，即爱护学生，尊重学生的独立性，考虑学生的需要，鼓励每一个学生的学习与进步；第二，安全感，即教师在学生面前的自信、随和及由此形成的教师威信；第三，个人组织能力和综合能力，即教学组织、班级管理、课业规定等方面的使学生可以接受的能力、魄力和态度。我国学者叶澜提出未来教师的理想风格是"对人类的热爱的博大的胸怀，对学生成长的关怀和敬业奉献的崇高精神，良好的文化素养，复合的知识结构，在富有时代精神和科学性的教育观念指导下的教育能力和研究能力，在实践中凝聚生成的教育智慧"。唐松林等人提出了三维一体的教师的教育素质结构，即教师素质包括认知结构、专业精神和教育能力三方面，教师的教育素质结构是这三个维度组成的精神世界，其中认知结构起导向和支配作用，专业精神起动力作用，教育能力起保证作用，三者是彼此联系及相互影响、制约、渗透的有机统一整体。

而专家型教师的素质结构与一般教师的素质有相同点的同时，也有其特殊点，具体可以概括为以下几个方面。

（1）高尚的师德。师德是教师的灵魂。专家型教师首先要有高尚的师德。教师的师德对于学校教育的成败具有举足轻重的作用。高尚的师德包括：对教育事业的热爱，强烈的事业心和奉献精神；科学的世界观和积极向上的人生态度；强烈的责任感和对学生的尊重、关心和爱护；处处为人师表，以身作则。师爱是师德的核心，师爱是一种强大的力量，它不仅能够提高教育质量，也会促进学生的成人和成才，影响学生的身心发展、人格形成、职业选择和人生道路的转变。教师的师德是教师个体的人格魅力的反映。在学生心目中，教师是社会的规范、道德的规范、学生的榜样。教师的人格是师德的有形表现，高尚而富有魅力的教师人格能产生身教重于言教的良好效果,教师的人格对年轻心灵的影响,是任何教科书、道德箴言,任何奖励和惩罚制度都不能替代的一种教育力量。

(2)科学的教育理念。教育理念是指教师在对教育工作本质理解的基础上形成的关于教育的观念和理性信念。是否具有科学的教育理念是区分一般教师与专家型教师的重要标志。成为专家型教师重要的一点是具有科学的教育理念。

教师是教育活动的组织者和引导者,教师持有什么样的教育观念,不仅直接关系着教师的教育行为,而且还间接地影响着未来教育的性质与发展。专家型教师的科学理念主要包括三个方面:第一,要树立尊重爱护学生、注重开发学生潜能、促进学生个性全面发展的教育观;第二,树立"教师的主要职责是越来越少地传递知识,而越来越多地激励学生思考,教师将越来越成为一名顾问,一个意见交换的参加者,一个帮助学生发现矛盾焦点而不是给出现成真理的人"的教师观;第三,树立学生是有主观能动性的千差万别的个体,是教育活动的主体,是学习和发展的真正主人。学生有多方面发展的需要和发展的可能,教育应不断满足学生发展需要,促进学生尽可能地发展。

(3)相当的专业知识和专业能力。相当的专业知识和专业能力是教师从事教育教学工作的前提和保证。专家型教师更需要满足这一点。

一般来说,专家型教师的知识结构包括普通文化知识、学科专业知识和教育学科知识三方面的内容。强调教师对普通文化知识的掌握,是因为普通文化知识本身具有陶冶人文精神、涵养人文素质的内在价值,它能丰富人的文化底蕴,使人性更加完满。专家型教师对普通文化知识的掌握不仅要渊博,而且要精深,要内化到个体知识结构中去。掌握学科专业知识,不仅要求教师对自己所教学科的基本内容有深入透彻的了解,还要了解学科的架构、发展脉络及学科信念等内容。教育学科知识包括教育学、心理学、教学法及教育科学研究等方面的知识,这是教师专业发展的必然要求。专家型教师的专业能力除了应具有教学能力、组织管理能力、决策能力、交往能力外,还必须具备相应的教育科学研究能力。这是专家型教师区别于一般教师的根本所在。教育研究能力是一个综合的能力结构，一般来讲，它包括以下六种能力：定向能力、理论思维能力、创造能力、动手实践能力、评价分析能力、组织科研活动的能力。这六种能力在每个人身上的不同发展水平，就形成了每个人不同的研究风格。

（4）勇于创新，具有一定的创造性。专家型教师拥有前面三个方面的重要素质后，其运用知识和技能的能力更加突出。专家型教师"不是传声筒，把书本的东西由口头传达出来，也不是照相机，把现实拍摄出来，而是艺术家、创造者"。21世纪的发展呼唤培养创造型教师人才。学生创新精神和创新意识的培养乃至创新素质和创新能力的提高都与教师有着最为直接的关系。没有教师的创造性，很难培养出适应未来社会发展需要的具有创造性的学生。具有创造性是区分"教育家"与"教书匠"的重要标志。

专家型教师具有创新意识、创新精神和创新能力，即对教育发展有前瞻能力，能迅速感悟、准确判断处于生成和变动的教育过程中可能出现的新趋势和新问题；具有教育智慧，及时把握教育时机，能根据实际环境选择和决策，调节自己的教育行为；尊重科学，不盲从和迷信权威，有创新的教学模式、创新的教学方法和新颖别致的教学内容；善于进行科学研究，能创造性地把新思想、新观点、新方法融入自己的思维模式和工作模式，对解决问题有自己独特的见解和主张。

3. 成为专家型教师的基本途径

教师自我发展的目标是成为一个专家型教师，从某种意义上说，专家型教师的成长过程就是一个终身学习的过程。

这里要讲的终身学习，一是提升学历，二是知识更新，三是提高能力。

终身学习，就是要不断长本事，走终身学习的道路。许维诚先生在为《学习科学大辞典》作序时写道："从个人来说，在无限广阔的知识海洋中，如何快速地获取自己的那一部分知识？随着事业的发展，又如何补充知识来满足新的需要？面对知识本身的不断发展，又如何能做到不落后于时代？这些问题都告诉我们，学习是每个社会成员终身的事情。"

作为教师，不但要终身更新自己的观念、拓展自己的知识面、完善自己的知识结构；而且要终身将学习与工作结合起来，要不断磨砺自己的思想品格、积淀自己的人文底蕴、提升自己的整体素质，使自己始终能够跟上社会发展的需要，成为人们终身学习的榜样。

终身学习的首要标准就是要学会学习，就是学会掌握最适合自己的学习方式，能够通过探索，独立地进行有效的学习。作为一名教师，在自身成长的道路上学会学习尤为重要。这是因为，其一，教会学生学会学习首先要教师学会学习。学会学习是教师从教的基石，教师教给学生的应是学会怎样学习和怎样思考。要指导学生怎样学习，教师应是学习的典范，应该率先学会怎样学习。教给学生发现真理的方法，而非简单地奉送真理，应该授之以渔。学习中有三点特别重要：一是迅速获取有用信息；二是利用它来解决问题；三是变革它，推陈出新。其二，知识迅猛更新，客观上要求教师学会学习。据技术预测专家测算，人类的知识目前每三年就增长一倍。西方白领阶层目前流行这样一条"知识折旧率"：一年不学习，你所拥有的知识就会折旧80％。面对知识的蜂拥而至，我们必须学会筛选、检索、加工、整理这些信息，从中提取出最有利于自己生活、最有利于师生发展的信息，不断更新自己的知识结构，使自己的课堂常教常新。

综合国内外一些研究成果，教师要做到终身学习，就应当：掌握认识世界的工具，学会学习的方法；有效地沟通与表达；具备泛读和理解的技能，具有探究推理、解决疑难的能力；具有获得、处理与应用信息的能力；具有创新的意念；具有开展研究的能力；终身学习。教师具备了较强的学习观念，要逐渐形成一定的学习能力，养成学习的习惯。这样，"终身学习"才不会是一句空话。

（1）学习的内容。教师自我终身学习的内容有很多方面。学习是无止境的，学习的内容也可以说是广阔的。作为教师，一般的学习可以是以下几方面内容：

①学习职业道德。要不断提升职业道德修养。

②学习新的教育观念和教学模式，特别是新课程理念和教学模式的掌握与运用。

③学习所教学科的专业知识。注意搜集专业发展的新动向、新信息，不断更新知识，以适应时代发展的要求和学生学习的需求。

④了解教育学、心理学发展的新成果。

⑤加强外语和信息技术的学习。运用国内外教育信息资源和现代化

多媒体教学、多媒体备课等信息技术手段，将信息技术与专业知识的教学整合到一起，需要教师具有较高的外语水平和信息技术能力。

⑥丰富跨学科的知识，掌握现代科学技术发展的新动向。当今科技发展的一个重要特征就是技术的相互交叉与融合，即国际上倡导的"大科技"的概念。社会对人才的要求是多元化、全方位的，教师应有选择地学习一些人文、社会、市场、管理等方面的知识，了解新兴的尖端的科学技术，并恰当地与自己的专业相融合。

（2）学习途径。教师自我终身学习的途径有很多。常见的有以下几种：

①向书本学习。一本好书就像一艘船，能够带领我们从狭隘的地方驶向无限广阔的海洋。

②利用计算机网络学习。利用网络不断地吸收相关的知识内容，关注科技发展的新动态，用新知识不断充实自己；不断提高自己的信息素养，熟练地运用计算机获取、传递和处理信息。网络教育时代已为人们的再学习提供了极为便利的条件，时空限制的跨越、海量信息的开放，使网络学习成为当今最佳的自学途径。

③向周围其他同仁学习。学习他们教书育人的经验和方法，结合自己的实际巧妙移植，可以少走弯路。

④向实践学习。实践出真知，实践长才干。

⑤向学生学习。课程改革使我们又有了新的认识——师生之间是互动的。这种互动的开放教学给学生提供了展示自我的舞台，使他们尽情发挥自己的特长；给教师创造了无限的研究空间，也带来了巨大的压力和发展的动力。学生也是教师的学习源泉。

⑥行动研究。通过教学反思和科研创新，不断总结经验，积累财富，提高教育教学本领。

⑦合作交流。与同事或兄弟学校教师合作，如集体备课、互相观摩、合作教学、教学教研等，吸取他人的经验来提高自己。

⑧进修或接受培训。根据需要，可利用业余时间参加短期学习，也可在工作状况允许的条件下，进入高等院校系统地进行专业学习，扩充知识面。

总之，成为专家型教师，是教师提高威信的必经之路。

具备广博的相关学科知识

中小学生好奇心、求知欲强烈，富于幻想，他们常常带着种种幻想与理想，探索未知的世界，会向教师提出各种各样的问题。如果教师能满足他们的求知欲望，科学、准确地解答他们提出的问题或者指导探求知识的方法，那将会成为学生的良师益友，他们会以崇敬的心情感激教师的指引。如果教师对学生所提出的问题不能给予解答或者是进行错误的解释，还在那里声严色厉地训诫学生要"努力学习""成为德才兼备的人才"，不仅收不到实效，反而会被学生讥笑"老师是不学无术的人"，那将是极其尴尬的，也将大大有损教师的威信。

如果教师的知识面狭窄，讲课就会照本宣科，学生听起来枯燥乏味，久而久之就会失去学习的兴趣和宝贵的求知欲。而且，有的教师还会出现知识错误。例如：

> 某中学一名学生写了一篇作文，题目是《假如我是飞行员》，开头写道："假如我是一个飞行员，我将驾驶飞机，飞向太空，登上月球，去看美丽的嫦娥姑娘……"仅仅是文章的一个开头，就出现了两处错误：其一是飞机不能飞向太空，只能是宇宙飞船；其二是飞行员不能登上月球，只能是宇航员。然而，班主任的评语却写有"文章生动、形象，想象力丰富，开头较好……"等赞美之词。教师对这样明显的知识性错误竟然不知道，是误人子弟，贻害青少年。

一个知识面狭窄、孤陋寡闻、业务水平低的班主任，在学生面前是不会有威信的。

所以，教师必须勤奋学习，不断拓宽自己的知识视野，上至天文，下至地理，社会科学、自然科学、古今中外的知识都要懂一点，既发挥自己专业的优势，又要补上自己的不足，做到文理相通，使自己的知识成为"金字塔"结构，有广博的知识基础，又有顶端精尖的专业知识。正如加里宁所说："教师一方面要献出自己的东西，另一方面又要像海绵一样，从生活中和科学中吸收一切优良的东西，然后把这些优良的东西贡献给学生。"

教师还需要具备广泛的爱好和才能，如对音乐、体育、书法、绘画等都有所掌握，那将是如虎添翼，便于指导学生开展活动和发现特殊人才。当然，做到这一点是难能可贵的，也是相当不容易的。

优秀班主任华淑秋老师说，教师必须具备"一专多能"的素质。因为现代教育面对的是思想活跃的学生，他们信息来源广泛，知识比较庞杂。这就要求教师不但要有宽广的胸怀、一颗爱心，还必须有比较渊博的知识，否则就不能满足学生强烈的求知欲望，就会降低教师的威信，影响教育效果。所以，她在教育实践中，不断学习、不断丰富自己，学习教育理论，研究学生心理，学习语言艺术，以便更好地与学生交流情感，更好地打动学生的心。为了给学生更多的知识，她涉猎文学、历史、天文、地理等方面的知识，搜集世界重大科技成果、国内外重要新闻、党的方针政策及名人名言、人物传记……她在学生面前树立起一个充实、丰满的形象，有如一块大型磁铁，产生强大的磁场，把学生吸引在她的周围，成为学生崇拜的人。正因为如此，华淑秋才能够一呼百应、得心应手，她的每句话、每个动作都能使学生产生共鸣，在学生中引起强烈的反响。她为了帮助学生树立远大理想和培养良好的道德品质，把思想政治教育融于教学之中，寓于精心组织的各项活动之中。不论在课内，还是课外，她经常教育学生怎样做人、做一个什么样的人，把理想前途教育由空洞的说教变为联系实际的指点。她讲长征的故事、抗日联军八烈士的事迹、老山前线的战斗英雄，她组织讲演会、讨论会，讨论人生的价值，辩论人存在的意义，让学生学会用科学的思维方法去思考人生、观察社会、规范自己的言行。她还运用形式新颖、生动活泼的班内活动，如由名人名言、闪光的话摘抄发展到写座右铭，从一天一人讲演发展到一周一次班会讲评，黑板报由一期期的思想火花发展到思想评论和评优选佳，墙报由优秀作业、作文选登发展到书法展览、一人一画乃至搞起学生画展……使学生在自我教育的海洋中学会了游泳。

现在，历史的车轮已经进入知识经济的爆炸期，更需要教师拥有广博的知识。教师学识广博，视野开阔，不仅在于在本专业深思慎取、精而后博，而且在于对其他知识也有所取，既是专家又是杂家。这样无论是教学还是科研，无论是自育还是育人，都会游刃有余。教师学识广博了、底气充足了，就能够在教学改革的道路上走得顺畅、走得长远。这方面的例子很多，像我们熟知的魏书生，他就是从一线教师走上领导岗位的。做教师，他是专家型教师，头脑灵活，科研意识强，总能够另辟蹊径解决问题；做领导，他是能够引领教师专业发展的领导，大的方面布局、谋划，小的方面教能、教法。再比如李镇西，从教几十年来，从未停止过学习和反思，故而能够厚积薄发，著述颇多。李镇西和魏书生都能够以其广博的学识、真诚的人格赢得世人的尊重，这提示我们更多的普通教师应该见贤思齐，不断进取。

敬业，珍惜自己的职业

一个有威信的教师必定是一个敬业的人。

敬业，就是敬重教师职业，就是要求我们把教育当作我们的生命，对教师这一职业有发自内心的神圣感与尊严感，把教书育人看成自己的天职和使命，从而激发自己对教师职业的认同感和责任意识，在平凡的教师职业人生中实现生命的价值与尊严。

1. 敬业是自动自发

敬重自己的职业，首先是对自己职业的自动自发的热爱与激情。真正带给我们成就的不仅仅是知识和机遇，更重要的是我们的整体素质，是能不能以一种真正的敬业精神去对待所从事的工作，因为如何对待你的工作决定了你最终能够到达的高度。所谓"敬业"就是敬重自己的工作。忠诚、敬业是人的天职，尽职尽责是敬业的根本，自动自发是敬业的最佳表现，即没有人要求、强迫你，你也能自觉而且出色地做好自己的事情。

爱因斯坦曾这样区分对待科学事业的三种人：第一类人是把科学当成娱乐，为满足自己智力上的优越感和成功欲的人；第二类人是把科学当作手段，为满足自己的名利欲的人；第三类人是把科学当作生命，试图用自己的努力解释和改造世界而无私奉献的人。教师工作作为一种育人的职业，它需要的正是教师对教育的自动自发的投入、积极主动的创造。唯有如此，教育才真正成为育人的艺术，而不是按部就班、依葫芦画瓢的技术性工作，教师职业才可能充满生命的情趣与创造的欢乐。

2. 敬业是将热情、激情融于技能之中

（1）热爱教育激发教育热情。只有热爱，才会有热情。教育热情就是把教师全身的每一个细胞都调动起来，完成他内心渴望完成的教育工作。没有热情，陶行知先生不会拒绝高官厚禄，心系平民百姓，创办乡村师范，挽起裤腿与学生一起种田，把深刻的思想写成百姓喜闻乐见的形式……也不会成为"捧着一颗心来，不带半根草去"的教师典范；缺乏热情，教师就不可能用无私、崇高的奉献去感动这个世界。

（2）教育热情升华教育激情。教育是一项需要激情的事业。由热爱教育，到对教育产生热情，是一个熟悉并逐渐深入教育的过程。随着教育工作的深入，热情又可以转化为激情。当一个教师对工作确实产生了激情，你可以发现他目光灼灼，反应敏捷，浑身都有感染力。这种神奇的力量使他以截然不同的态度对待学生、对待工作、对待生命和生活。

教育激情可以使教师对教育教学工作具有空前的开拓性，成为真正的课程开发者和实施者，成为终身学习的实践者。社会的发展需要创新，学生的发展需要创新，这些需要都聚焦在了教育上，都担负在了教师的身上，充满激情才可能让教师完成这一任务，因为激情可以诱发教师的创造力，同时焕发学生生命世界的激情与创造的活力。

（3）热情、激情融入卓越的技能。一个对教育有热情的人，不论是在批改作业，还是立于三尺讲台释疑解惑，都会认为自己的工作是一项神圣的天职，并怀着极大的兴趣。一个对教育有激情的人，不论工作有多么困难，始终会以不急不躁的态度去工作，并满怀着对该领域的好奇，不断探究，提升自我。

知识是通过学习获得的。热情、激情只能推动一个人去学习技巧，而绝不能代替技巧本身。因此，敬业还表现为掌握必要的知识与技能，养成终身学习的习惯，为此不断调整知识结构，更新岗位技能，以适应时代的变化，追寻教书育人的真谛。

3.敬业是一种境界和使命

时代变迁赋予了敬业新的内涵，对教师敬业的具体解释还源于对教师职业的理解和从中受到的启迪，源于我们平时点点滴滴的行动。教师敬业在心理上表现为高、低两个层次，低层次是按部就班地完成基本的教育工作，以对学生、家长和社会有个基本的交代；高层次是把教书育人看成自己职业人生的使命，把教师职业行为当成是个体人生的实践，是生命存在的积极实践，是通向个体意义人生的坦途。教师敬业所表现出来的就是对教育教学工作忠于职守，认真负责，一丝不苟，并且有始有终。

大教育家朱熹曾言："敬业者，专心致志，以事其业也。"现代教师不仅是一个专业、一个人的职业和事业，也是一种境界和使命、一个人生命的意义所在。作为守望学生生命成长的天使，"爱岗敬业，教书育人"是每一位教师被赋予的神圣职责和使命。富有使命感的教师立足本职工作，不断为自己的使命做出承诺和努力。他们都有一个相同的理想：投身于教育，为个人和学校做出应有的贡献。战胜挑战、完成使命的经历，又让他们可以从工作中获得比别人更多的经验，并进一步发挥自身的个性特长和能力，如领导能力、合作能力、沟通技巧、逻辑思维能力及学习能力等。

4. 敬业是教育者的承诺

教育选择了我，我选择了教育。一个人能够主观为自己、客观为他人地活着，是一种幸福，而教师是能够过上这种生活的人。在众多的职业面前，我们选择当教师，选择能够为自己创造一个洁净的心灵空间的职业。敬业爱岗，做好本职工作，积极参加教育教学改革，求实、创新。它是我们对教育、对社会许下的心灵诺言，是内心深处对教育事业的执著追求的承诺和期望。

选择教师职业，意味着选择了这个职业所带来的很多东西，包括琐碎、规范和约束，当然也有欣慰与尊严。如果没有教师职业带来的自我约束，这一职业就不会有美丽的光环。但它们不应当成为教师的枷锁，而是帮助并支持教师及其他人员去发现和再次认识教师职业的方向和意义。

选择意味着行动。好的教育者正是那些能够恪守其理想并在行动中不断丰盈、创造教师职业生命价值的人。在实际行动中，时刻保持对教师职业的认同感，从心底里接纳它，以一种尊敬、虔诚的心灵对待职业，敢于承担教师职业所赋予的一切职责和义务，像热爱自己的生命一样热爱教育事业。既然我们选择了三尺讲坛，选择了几十份童真与笑脸，就要把教书育人、探索并积极实践教育的真谛看成是我们的天职，执著于我们的教育信念，把人生奉献给我们心中的教育梦想。

5. 在敬业中感悟教师职业的幸福

教育实践的丰富性使得我们可能在教师职业活动中获得丰富的情感体验，因而它也最有理由成为一种幸福的职业。对于追求幸福的教师来说，更重要的是挖掘教师职业的个人价值，在追求幸福的过程中捕捉教师内在的生命价值，让教师感觉到这是一份内含着尊严与欢乐的职业，是一份真正能激发人的热情和灵感的职业。教师职业并不必然是幸福的，它的幸福依赖教师的积极创造，依赖教师在教育过程中将自己与教材、学生、生活世界达成有意义的结合。只有将自己全身心地投入教师这一职业，才能体会到当教师的幸福，才能感受到教师职业的魅力。

（1）教师职业孕育着自由的快乐。教师可以在很大程度上张扬自己的个性，在与学生的交流中肯定自我、充分展现自我的多才多艺，让自己的生活与精神世界更加丰富多彩。优秀的教师总是会在他们的教育过程中展示出丰富的个性，把工作与生活融合起来，把职业与个性融合起来。教师在对学生的创造性的引导中、平凡的职业生活中，获得快乐、实现自我、感受人生的自由与充实。当教师超越了纯粹物质欲望的追求，而把自己所做的平凡工作与新一代的成长联系在一起，与个人收获的快乐、自我价值的实现联系在一起时，他就会获得精神上的自由，从职业中得到生命的自由。在不经意间，他成了校园优美环境的欣赏者、学生良好举止的赞赏者、课堂生命活力的激发者。

（2）教师职业饱含着创造的幸福。传统的教育使师生被限制在教科书、教学参考书之内，而创新型教育（尤其是课程改革后的素质教育）则赋予师生无限自由的空间。教师让"干瘪的"教材丰满起来，让抽象的教材生动起来，让统一的教材个性化起来，并在教材中加入了自己的人格素质，使自己的素质延伸到教材中去，而不是呆板地用外在的知识、规范去教训人。当教师面对一个个鲜活的生命个体、传递自我的爱与信念、表白自己的真情实意时，他是最生动、最幸福的。也只有从事这样有尊严的职业，我们才不会成为职业的奴隶，而是在自己的职业中进行着创造性劳动，收获着职业的幸福。

（3）学生是教师生命的发展与延伸。教师为学生提供个体人生与精神的引导，促进学生生命的发展、成熟。教师把自我生命情感、态度及人格、智慧投入教育实践，将自己的人格精神融入学生的心灵，滋润着学生的生命世界，潜移默化地引导学生个体的未来生活，在学生的生命世界之中扩展着自己。在此意义上，学生的生命就是教师的生命的发展。当然，教育并不是以损失教师来造福于学生，而是教师不断超越自我的活动；学生的成长并不是对教师生命的剥夺，它是教师生命的肯定与人生价值的实现。还有什么东西比自我生命的增值更让人幸福的呢？还有什么比看到自己的学生茁壮成长更让教师幸福的呢？

教师职业是教师人生幸福的源泉。教师从学生的进步中领会幸福，从家长的信任中感悟幸福，从工作的充实中体味幸福，从展示自己闪光点的过程中收获幸福。

6. 敬业中透露着感化与美

爱，意味着教师全心全意地付出，用心去感化每一个成长中的学生。尝试去爱每一个学生。教师在学生眼里是一个学习的榜样，他们无论什么都会向教师学习。学生的眼睛就像摄像机，耳朵就像录音机，他们会把教师的一言一行记录下来。可见，一位好的教师对学生的一生多么重要！如果有人问，教师职业的价值在哪里？我们的回答是：光荣、艰巨、幸福和美丽！因为他们的影响贯串学生的整个人生，他们以一种品质、一种态度、一种情感，让学生产生一种无言的感动、一种莫名的感悟。

当学生有困难时，教师尽自己的能力去帮助他们；当学生不小心犯了错时，教师要耐心地去劝导他们；当学生思想上迷茫时，教师用自己的言行和高尚的人格去鼓励他们。用一颗忠诚的爱心感化着学生，这是教师职业的力量与价值，这也是教师威信的源泉。

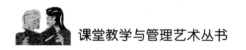

乐业，一种积极的工作态度

一个有威信的教师必定是一个乐业的人。

乐业，即以业为"乐"，乐就是享受、快乐，即能够享受职业生活，从中获得人生的快乐。乐业指向的并不只是职业本身，而是教师自身的生命状态，即一种从教师职业中获得生命的充实、和谐、完满的生命状态。乐业的根本乃是一种生命境界的提升。

乐业作为一种职业态度，指乐于从事教育职业。具体指教师乐于与学生分享知识、经验、智慧、情感，与学生共成长、共幸福。由此派生出以下六种"乐"：乐于教学；乐于育人；乐于和学生交往；乐于和同事进行业务合作；乐于和学生家长、相关的社会人员交往；乐于学习、反思和研究。

乐业作为一种职业体验，即从教育这种职业中获得人生的乐趣。梁启超在《敬业与乐业》一文中认为"敬业即是责任心，乐业即是趣味"。教师的职业趣味感使教师将教育职业当作生活的一部分，发自内心地享受教育过程和教育结果，其乐趣主要来源于：学生的发展；教育教学活动本身的乐趣；自身成长的喜悦。

这种积极的职业态度取向和情感体验作为一种道德情感，产生于对教师职业活动的内在兴趣、职业理想、对职业的理解。教师的职业兴趣是教师在从事教师职业的活动中所表现出来的特殊个性倾向，它使教师对教育职业具有向往的倾向，乐于去从事这种职业，在此基础上产生愉悦的情感体验。只有当我们把这份工作当成一种乐趣，由此人生变得丰富的时候，我们才可能成为真正的好教师。这种"好"，不仅仅是道德意义上的"好"，更是教师生命状态的充实与完善。

教师的职业理想是教师对自我职业生涯的整体规划与追求。这种职业理想使教师对自己的职业有明确的远景规划和奋斗目标，是教师前进的动力。教师在职业理想的驱动下，会对未能使其产生直接兴趣的教育活动产生间接的兴趣，从而抱着一种积极的心态从事教育工作，激发其创造潜能的发挥，使其生命状态更充实。

有这样一个案例：

"老师，我对你说个事儿。"刚走出教室，豆豆就把我叫住了。"什么事？"她扯扯我的衣角，示意我低下头，神秘地对着我的耳朵说："老师，今天是我的生日。""是吗？祝你生日快乐！"看着豆豆可爱的模样，我把她抱了起来。"老师，妈妈说，在生日这天许愿最灵了。"豆豆的脸紧贴着我的脸。"哦？那你许下了什么愿望？"豆豆一本正经的样子把我逗笑了。

"我的愿望是做一名舞蹈演员，将来你们可以在电视上看到我。"豆豆边得意地说话，边做了一个很美的舞蹈动作。

"老师，我也有理想。我长大要当一名军人，也像抗洪救灾的叔叔们那样，保卫祖国。"不知什么时候，身边已经围了一圈学生。

"老师，我长大要做一名医生，救好多好多病人。"

"老师，我的理想是当一名科学家，要发明许许多多的东西。"

听着学生七嘴八舌地"炫耀"自己的理想。我放下豆豆问他们："怎样才能实现你们的理想？"

"老师，我知道，现在就要好好学习。"豆豆抢着回答。

"要听老师的话，多学知识。"

……

听着这一句句话，我会心地笑了。

"老师，你的理想是什么？"不知谁小声地问了一句。

"对，老师，你的理想是什么？"学生都仰起头，齐声问我。

我的理想是什么？小时候，看到教师站在讲台上，把知识传授给我们，真羡慕他知识渊博。于是刻苦学习，考取了师范学校，实现了我的教师梦。想到这儿，我说："我的理想是做一名老师呀。"

"那——"一个学生若有所思地说："老师，你已经实现了自己的理想，那你现在不就是一个没有理想的人了吗？"

谁也不会想到，学生会有这一问，我一时语塞了。是啊，我已经实现了自己的理想，难道自己现在真是一个没有理想的人了吗？上班后，为天真活泼的学生备课、上课、辅导，虽忙忙碌碌，却充实、快乐。可我从未想过这个问题，他们还在等着答案呢。我灵机一动，神秘地说："老师现在当然有理想，你们猜猜是什么？明天告诉你们答案。"

夜深了，我毫无倦意，望着皎洁的月亮，想起了明天要回答学生的问题，不禁又一次陷入了沉思，细细体味着工作几年来的点点滴滴：为设计一个提问，多少次深夜还在冥思苦想；为让学生学会一个生词，不知查阅了多少资料；为给学生做工作，进行了多少次家访……面对课堂上如林的小手，面对一双双求知的眼睛，面对学生的进步，我的心里满是喜悦与自豪。这不就是我的理想吗？我正是为了学生的理想而努力。想到这儿，我有一种如释重负的感觉。

明天，我将对他们说："老师的理想就是帮助你们实现自己的理想！"

正是在职业兴趣和职业理想的引导下，教师才会以积极的心态投入教育工作，在教育活动中会自觉加深对教育的认识与理解，在认识与理解中把握教育活动对社会、他人和自身的意义，在对教育意义的把握与追寻中找到自身的生活价值和生命意义。随着这种认识与理解的不断加深，教师对自身生活价值和生命意义的把握也会不断加深。正是在这种"加深"中，教师的职业人生境界得以不断提升。

乐业不是一种规定，而是一种修养，一种扎根教师职业、用心从事教师职业，并且懂得创造、欣赏教师职业、感受教师职业快乐的积极的生命状态。

教师的乐业，既有赖于合理的物质回报、和谐的社会环境，更取决于教师自身的努力。我们能否真正找到教师职业的内在乐趣，关键在于教师的内在素养。

一、用心理解教育

梁启超在《敬业与乐业》一文中说："'凡职业都是有趣味的，只要你肯继续做下去，趣味自然会发生。'为什么呢？第一，因为凡一件职业，总有许多层累、曲折，倘能身入其中，看它变化、进展的状态，最为亲切有味"。具体到教育，指教师应当用心去理解教育、感受教育，从中发现教育的趣味。

用心理解教育，除能使教师发现教育的亲切有味外，还能使教师在"觉解"状态下理解教育的意义，使自身生命的意义与教育活动的意义相互关涉，从而提升教师职业活动的质量和境界。

我们可以从以下三个层面理解教育：

（1）从细微处着眼理解教育。具体体现在如何看待学生的每一个微小进步，如何理解教育教学中发生的具体教育现象和事件。在这种理解中，教师应当将教育活动本身当作一种鲜活的生活体验，经常进行内省和反思，如通过撰写教育随笔、教育叙事，加深对教育活动的理解和感悟。

（2）对教育做宏观的、整体的把握。具体指教师应当用教育哲学的思维来理解教育目的、教育价值、学生观、教师观、课程问题、教学问题……以此超越庸常的事务和具体的教育行为、教育事件，理解到超出具体行为和事件本身的更深远的意义。

（3）用发展和联系的观点来理解教育。用发展的观点理解教育，是指应当及时关注和了解社会的发展动态、教育的发展动态，不断更新观念，调整对教育活动的理解。用联系的观点理解教育，是指即便是普通教师。也应从整个学校的办学理念、整个城市和国家的教育发展规划出发来思考教育，分析自身的教育行为。

曾在媒体上见过这样一篇文章：

举个例子，如何看待学生？心理学怎么看待学生呢？学生就是一个心理的实体，不管是个体的也好群体的也好，都是一个心理的单位，他有他的心理活动，他有独特的心理个性，如认知、情感、意识。社会学看学生就是一个角色，角色是由一系列义务、权利、职责所构成的，学生要尊重教师，学生要按时上课，这就是社会学问题，这是角色所承担的。经济学怎么看待学生呢？学生就是一个教育消费者，他是一个花钱来上学的人，是一个教育服务享用者。那法学怎么看待学生呢？学生是一个权利主体，学生有学习权、受教育权、人身权利、《未成年人保护法》赋予的权利。哲学可能更从综合的、整体的一方面来看待学生，学生是一个人，学生是一个完整的人，学生是一个有尊严的人。学生有些特征是超越心理活动、超越社会角色、超越法律的身份的，他是一个真正意义上的人。那作为一个人，你该怎么对待他？比如师生之间，作为角色，学生是学生，教师是教师；作为权利主体，各有各的权利；可是作为人，教师和学生之间是平等的。所以，教育平等这样的命题如果不在哲学意义上谈，就不好理解。作为社会角色，教师和学生担负着不同的职责、不同的义务，当然是不平等的。但是，他们在人格上是平等的。在人格上是指在哲学意义上，他们都作为人的存在，这是没有差别的。认识到这一点，我们就好理解师生平等了。教育哲学素养欠缺会产生问题教师、问越教育。

对教育的理解有三重境界：

（1）用心理解教育，在于"明事理"意义上的理解教育，获得对教育的知识性认识，这是理解教育的第一重境界。

（2）用心理解教育，在于超越对教育的知识性认识，获得对教育意义的把握，这是理解教育的第二重境界。所谓对教育意义的把握，是指不仅知晓和明了"教育是什么"（对教育的知识性把握）、"怎样从事教育"（对教育的技能性把握），还懂得"为什么从事教育"，教育对社会、他人、自身的意义与价值何在。

（3）理解教育的第三重境界，在于用心灵和情感去感受教育，获得对教育的扎根教师个人生命质地的情感认同。即将对教育的知识性了解和意义把握内化到教师自身的情感体系和个性当中，成为主体自身价值、态度、信念的一部分，获得对教育的情感认同。唯有如此，教师的师德实践才能真正成为一种自觉自愿，成为一种幸福体验。也只有如此，教师个体在追寻教育的职业价值和意义时，才能将其与自身内在的生命价值相统一。

二、用心从事教育

法国作家纪德说："获得幸福的秘诀，并不是为了追求快乐而全力以赴，而是在全力以赴中寻出快乐。"既然选择了教育事业，就应全力以赴，以饱满的热情、强烈的责任感，用心从事教育，主动地去创造、提升教育实践的丰富性，在用心从事教育的过程中感受到教育实践的乐趣。

1. 乐于教学

乐于教学指教师认真做好备、教、批、改、辅等常规教学工作，这种认真不是出于一种外在规范的驱动，即纯粹是为了完成任务和履行某种职责，也不是为了某种功利，更不是机械地投入，而是发自内心在教学过程中饱含热情和志趣。只有这样，教师才可能在每个教育环节之中，都充满着对学生、对人的真实而鲜活的关怀与期待。

教师在备课过程中要用心投入，做到三精：精读教材，精选教法，精心研究学生。只有用心投入，教师才能将教材变成其内在素质，他所传授的知识才会充满生命和意义，才能点燃学生内心深处的热情和渴望，并唤醒他们对自然、人类、社会、人生和生活的热爱。

教师在上课时需要做到三境界：第一境界是"形动"，即千方百计吸引学生，让学生喜欢上你的课；第二境界是"心动"，即用自己的真情打动学生，刻意创设特定的课堂情感氛围；第三境界是"神动"，即把自己的领悟变成学生的思维和情感。

有位教师曾讲过这样一件事：

在张老师的眼里，语文和教学绝对不能进行简单、枯燥的一问一答、一讲一听、一读一背，它必须是能调动教材中的趣味因素，设计出令学生耳目一新、学兴盎然的教学过程。《葡萄沟》是一篇说明文，课文语言简洁。张老师上课时拿出一盒新疆葡萄干，送给学生每人几粒，学生一边品尝，一边看课文。他们在品尝了葡萄干的滋味后，一下子活跃起来了，从不同角度畅谈了葡萄干"鲜甜"的原因，有的说新疆葡萄本来就又大又甜；有的说葡萄干蒸发了水分，甜味更浓了；有的说荫房吹干葡萄，太阳不直晒能保鲜……学生读懂了课文，课堂上不时发出爽朗的笑声，学生感受到了学习之乐。

2. 乐于育人

乐于育人指教师不仅要传授知识和发展技能，而且热心于引导学生做人和明事理，促进学生精神成人。乐于育人的教师不仅善于传授知识和发展技能，而且热心于抓住课堂内外的一切教育契机来丰富学生的精神世界，启迪学生为人处世的道理，增进他们人生的智慧。

当然，这种对学生的精神与人格的引导不是一种外在的刻意灌输，而是师生在教育过程中平等交往的结果，是教师教育智慧与教育真情的自然表达。

3. 乐于和学生交往

学校不仅是知识的乐园，更是生命的乐园，是师生交往、共同生活的乐园。师生交往不仅是教育教学方面的交往，在教学以外的时间里，在生活上也需要教师扩大与学生的交往，而不是来去匆匆，上完课就对学生不闻不问。只有在学生知道你关心他们时，他们才会关注到你的学问。扩大师生交流，可以增进师生情感，有利于师生间的有效沟通，更好地了解学生，走进学生的内心世界，和他们成为真正的朋友，从而实现现代型的教学相长，教师与学生人格共同发展。

师生交往的途径非常广泛。下课时观察一下学生在玩什么，可以抽个空和学生一起跳绳、打球、切磋球艺；可以和学生一起共进午餐；可以一起探讨漫画、某部小说、某部新上映的电影。

4. 乐于和同事、家长进行交流合作

从学生发展的角度出发，一个人的成长乃是多种影响相互协调的结果。乐于和同事、学生家长、相关的社会人员交往，不仅可以扩大教师的教育视野，增进教育合力，而且可以在互动沟通中增进对学生的了解，改善教育的效果。

5. 乐于学习、反思和研究

苏霍姆林斯基在《给教师的建议》中说："把每一个学生都领进书籍世

界，培养起对书的酷爱，使书籍成为智力生活的指路明灯，这些都取决于教师，取决于书籍在教师本人的精神生活中占有何种地位。"今天当教师，需要我们乐于学习、反思和研究。

教师在学习时，要有"板凳甘坐十年冷"的精神，使自己的眼光超出"利益"之弹的射程，超出"匠"的局限，不断完善自己，提升人生品位；在为学生打造高考敲门砖的同时，为他们的终身学习与精神成长"打底"。

教师的自我反思，是指教师在教育教学实践中，批判地考查自我的主体行为表现，通过回顾、诊断、自我监控等方式，或给予肯定、支持、强化，或给予否定、思索、修正，从而不断提高其教学效能的过程。

所谓十年树木，百年树人。育人是一个长效性的事业，它需要教师有足够的远见卓识。很多教师强调，要把快乐建立在学生的进步之上。问题在于，学生的进步绝不是一朝一夕的事情，你对学生的帮助和影响，也许要等到几年或十几年之后才能看到效果。常常因为等待时间太长，我们痛苦焦虑，或因失去等待的耐心，而做出一些让人不快的事情。正因为如此，我们只有立足于一点一滴对学生生命世界的呵护、对教育事件的细微意义的关注，才能创造日常教育生活的价值与意义。

三、用心享受教育

一个用心去从事教育的教师是甘于奉献的，但这仅仅是问题的一个方面。甘于奉献的教师，还不算是真正乐业的教师。真正乐业的教师还应当心中装着自我，自觉享受教育过程和教育结果。

1. 享受学生成长带来的喜悦

法国小说家雨果曾说："生活中最大的幸福是坚信有人爱我们。"教师不仅可以拥有生活中最大的乐趣，而且还拥有其他职业不曾有的乐趣，那就是学生的爱。

有位美国教育家曾说过：

教学中有很多回报：当看到学生在我的指导下学习知识，看到年轻人变得成熟，享受着每一天的生活时，就有一种成就感。但是，最大的回报是学生用他们的语言和行动表达他们对教师的感谢。我记得我的一个学生告诉我，我的美术课使她的欧洲之行更加有意义、更加有趣。她送给了我一块柏林墙倒塌时的碎片。我曾两次被学校提名而被《美国教师名人录》收录。一次是1963年，一次是在1992年，我感到无比幸福。可见，这种例子不胜枚举，但我所收到的最大的回报是我在一家百货公司偶然遇到以前的一位学生时所得到的。三年前，他是我美术课上的一位学生，尽管他经常缺课，但当他来上课时极认真。那时，我不记得曾给过他过多的关注。我们站在百货公司的甬道上，回忆他的往事，他告诉我他有稳定的工作，并要准备结婚。我作为一位母亲，给了他一些建议和鼓励，正要走开时，他的一席话留住了我。他说："我很高兴遇见您，我想告诉您，从我在学校时起，这许多年来是您一直在激励我前进。"这是他的原话，这位学生的话是我所期望得到的最好回报。

2. 享受"教学生活"

著名教师迟艳杰在《教学意味着"生活"》一文中指出："教学不仅仅是学生获得美好生活的途径或手段，也不仅仅是教师谋生的手段，而且它本身就是学生与教师的一种生活。"当教师在努力开启学生的心灵和智慧时，也就是在追求自己有意义的人生，他在追求这样有意义的人生的过程中，体味到教学本身的乐趣。

我们完全可以从教师职业生活过程中体会到人生的幸福和意义。同样是上课，如果教师是为上课而上课，教师的心就只是在机械地等待，等待学生的回答，等待结果与预设答案的契合。如果我们是以欣赏的姿态进入课堂，在上课的同时也在享受上课，我们就能在课堂上尽可能地放松自己，和学生隋情相融、心心相印，自然地敞开自己的生命，让生命中的每一个细胞、每一寸肌肤去感受、去触摸、去体认课堂，就可能会产生生命的高峰体验，甚至在课堂上和学生一起欢笑、一起流泪、一起沉思、一起震撼。于是，我们就是课、课就是我们，我们和学生一起全然进入一种人课合一的境界。这种境界就是深深的职业幸福感。

3. 在"学习、反思与研究"中享受人生的乐趣

教师的学习不仅是为了提高专业化水平，努力使自己保持良好的思

维状态，而且更重要的在于通过学习思考来拓展自己的精神世界，在应对现实的事务之中获得心灵的安宁，在与外界不断的精神联系中得以安身立命，使生命充盈，享受人生的乐趣。

教师从事反思和研究也不仅仅是为了提高教育水平，研究本身即是一种乐趣。苏霍姆林斯基说："如果你想让教师的劳动能够给教师带来乐趣，使天天上课不至于变成一种单调乏味的义务，那你就应当引导每一位教师走上从事研究这条幸福的道路上来。"研究可以使我们从生活的喧嚣和浮躁中解脱出来，获得心灵的宁静和充实。当我们把教育作为一项事业去追求，而不仅仅作为一种谋生的手段去看待时，我们才能真正领悟"学而不厌，诲人不倦"的境界与乐趣，才能真正体验到"得天下英才而教育之"的自豪感和幸福感。教育的乐趣与幸福一旦与教育者的神圣职责、要求结合起来，工作就不是负担，而是一种享受，是一种崇高的实践。

四、学会享受日常生活

教师如何乐业？除做职业文章外，还应当在职业之外的生活上下功夫，学会享受生活。享受生活是一种积极的、感恩的心态，一种愉悦的精神状态。只有带着这种心态和精神状态走进学校，才可能发自内心地从事教育。

如何享受日常生活？首先应对美好事物保持敏锐，在上班路上、下班途中，别只是赶路，而把沿途的阳光和雨露忽略了。其次要打开心窗：心窗一方面向家人、朋友、周围的人群敞开，另一方面向户外和大自然敞开：周末不妨到户外打打球，爬爬山，游游泳。最后要学会忙里偷闲，即便手头不闲，心情也要闲适。磨刀不误砍柴工，适当地放松一下，反而更有利于工作。最忌成天赶路，脚步匆匆，不敢稍停一下，生怕一旦懈怠便再也赶不上别人的步伐。

幸福不仅仅来自工作，更来自生活。家人、朋友、闲情、雅趣是幸福生活不可或缺的。当我们去买些喜欢的书、买件心仪的衣服，或者和家人、朋友一起去聚会、旅游，开朗、豁达的生活态度、自觉高雅的生活情趣可以给我们增添许多快乐和幸福。不仅如此，这种幸福的感受会浸染我们的生命，增进我们对爱与人生的领悟，从而增进我们对教育、对学生的真情感悟，拓展我们心中的教育天地。

爱学生的教师更有威信

教育家苏霍姆林基说："教师不仅要成为一个教育者，而且要成为学生的朋友，和他们一起去克服困难，一起去感受欢乐和忧愁。"师爱对学生来说是一种渴求，更是一种向往。爱学生，既是教师职业道德的核心，也是对教师的基本要求，爱学生愈深，教育学生的效果也愈好。因此，既要严格要求学生，又要用爱心去关注每一位学生，用爱心去化解学生的困惑，用爱心去解决学生遇到的困难，成为学生的良师益友。所以，爱学生是教师建立威信不可缺少的前提。

那么，教师该怎样去爱学生，怎样真正触及学生的灵魂深处，在学生中树立威信呢？

一、宽严要有度

严要有度，也就是说严格要求要有一定的分寸，要让学生清楚他们需要做什么、做到什么程度。要求太低，不能调动学生进步向上的积极性；要求过高、过急，一味苛求，就会欲速则不达，反而会使学生不堪重负或产生逆反心理，使学生丧失信心，容易产生冲突和矛盾。

综观我们的教学实践，有多少次教学冲突都是由学生的作业或练习未能及时完成所造成的，又有多少次是由于学生上课讲话所引起的。其实，我们自己是否这样问过自己，在学生的作业未能按时完成时，你的第一句是凶狠的责备还是温柔的关切？你是否知道他昨天晚上熬了夜，可是任务太重？你是否知道他因为做不出题目而痛苦过、内疚过、焦虑过、自责过？当学生上课讲话被你发觉后，你的第一句是暴风骤雨似的训斥还是代之以温馨的提醒？你是否知道他可能正是在讨论你所讲的内容和知识的发散呢？你的批评，打击的可能是一个或更多个发散的思维和创新的头脑。

所以，光有严不行，还要有爱，严一定要以爱为前提，用爱作支撑。"人非草木，孰能无情"。我们每天面对的学生都是思维活跃、情感丰富、朝气蓬勃且有时又过于冲动的青少年，他们对教师平时的辛勤劳动和爱的奉献，不会无动于衷，一定会做出种种相应的回应。我们教师尽管没有希冀能及时从学生那里得到什么爱的回报，但教师真挚的情感总会无时无刻、润物细无声地感染着学生，从而使学生不由自主、不知不觉地产生着情感共鸣，矛盾自然难以产生。

当然，爱也应该有个度。如果偏爱或溺爱，其效果就不是"爱"而是"害"。这些学生思想认识还不成熟，情感具有波动性，意志力薄弱，自控力较差，即使懂得了一定道理有时也很难去自觉遵守。

因此，面对我们的学生，既要有严，又要有爱；严爱有度；严是手段，爱是前提。只有懂得爱学生的教师，才是最有威信的。

二、要善待学生

善待学习困难的学生。十个手指都不会一般齐，何况是人呢？作为教师，一定要善待学生，真诚地向他们倾注情感，用真心、善意去打动他们、启发他们、引导他们，逐步增强他们的信心、勇气，并耐心细致地培养他们，以便他们在学习上早日赶上其他同学。

我班有位学生叫周雨，毛病不少，且屡教不改，实在是让人伤脑筋。有一段时间，他迷上了画宇宙大战。一下课他便拿出练习本，画各种战机，画交战双方，画得不亦乐乎。画到兴奋处，他还模仿各种武器的声音发出尖叫，战斗甚是激烈。本来这倒没什么，我也没有去阻止，问题是周雨迷恋画宇宙大战到了，上课也偷偷画的地步。画宇宙大战占据了他全部的精力。检查他的抽屉，发现他抽屉里用以画宇宙大战的练习本有十几本之多，这已严重影响到他的学习。在这样的情况下，我没收了他的练习本，不管是下课还是上课，都不允许他再画。可这招不管用，他还是背着我偷偷摸摸画，时不时有学生告诉我："周雨在画宇宙大战。"面对这样一个学生，我想不出解决的办法。不过，想想迷恋宇宙大战也不是个什么错呀，干吗非要制止他画呢？再说，在画宇宙大战的过程中，了解各种武器，提高绘画技能，培养兴趣爱好，也是一举多得的好事。我转换思维，重新进行了处理。我再次找来周雨，肯定他的这一爱好。但是，提醒他不能因为迷恋它影响学习，他不需要再偷偷摸摸画，可以正大光明地画，前提是认真听好课，完成好作业，考试成绩优良。为了能正大光明地画他的宇宙大战，周雨学习有了动力，学习进步了，也能正大光明地画宇宙大战了，他对此很满足。有时，我还会饶有兴趣地看他画，不时询问他画的是什么武器，有什么功能，他受到了鼓励，向我头头是道地讲起来，真令人小看不得，我不禁为保护了学生的兴趣爱好而暗自庆幸。

了解学生的兴趣特长，用一种意味深长的方式激励了学生的情感因素，为培养他的特长找到一个解决的途径，让他在学习中进步，让他感到了宽容的温暖。我很满意在周雨画宇宙大战问题上的处理。总结成功的经验，我认为对于犯错的学生，要善于发现和保护其积极性，妥善引导，让其闪光点得到发扬的机会，促使其朝着自己的兴趣方向良性发展。

一个有威信的教师，一定是一个胸怀宽广的人。宽容本身就是教育。人非圣贤，孰能无过？学生是人，而且是未成年人，不是圣人。作为教师一定要给他们改正的机会。魏书生说过："学生不管多么难教育，毕竟是青少年，其内心深处一定有一个广阔的世界，而世界必然是假恶丑与真善美并存的。教育学生时，要力争不站在学生的对面，让学生怎样，不让学生怎样。而要力争站在学生的心里，站在其真善美那部分思想的角度提出：我们需要怎样，我们怎样做才能更好。这样，学生会感到你不是在训斥他，而是在帮助他。"在成长的过程中，学生难免有失误，难免会犯错误，关键是学生犯了错误以后，教师要站在学生的角度帮助学生认识到错误的危害，并和学生一起分析，怎样做才能少犯错误，甚至不犯错误。

我班的李扬自控能力特别差，这样那样的错误每天犯得都不少。对他批评训斥是家常便饭，但是效果却不佳，错误照犯不误。我试着改变教育方法。别人去专业教室上课，课桌、凳子都能按要求摆放，轮到他，凳子没塞进去，课桌上书本一大堆。我刚想发作，一看是李扬的，便提醒自己，心平气和一点，别在这些小事上抓住李扬的错误不放，只要不是原则性错误。我一边提醒自己学会容忍，一边将李扬的桌凳收拾好。下课了，李扬回到教室，我提醒他道："李扬，你离开教室时收拾课桌了吗？""哦，我又忘了。"没有听到训斥，李扬反而不好意思起来。类似这样的错误，像在餐厅里不擦桌子、早锻炼不戴红领巾、上体育课不排队、在宿舍里不搞个人卫生……对同学这样那样的汇报，我不再"理会"，采取冷处理的方法。一段时间下来，教室里少了对李扬的训斥声，学生向我反映李扬错误的自然也少了。布置班级环境时，李扬从家里带来了盆景美化教室，成为班级里少数几个带盆景装饰教室的学生之一。抓住这一教育的契机，我特别表扬了李扬"关心集体、热爱集体"，并号召全班同学向李扬学习。听惯了批评、训斥，这会成了学习的榜样，李扬反倒不自在起来。不过，他掩饰不住的喜悦告诉我，李扬很在乎教师的表扬，这是个没有丧失进取心的孩子。我与其他教师也进行了沟通，对李扬这样那样的错误，能容忍则容忍，要让孩子看到希望，特殊学生特殊对待，对别的孩子的要求，在他身上要适度降低。对李扬要多一份爱护与宽容，共同营造一个利于他成长的教育场，对他的改变要有耐心、信心，要善于看到他身上哪怕是一丁点儿的进步。罗森塔尔说过，爱护、信任、期待能激发学生的智慧和潜力，使学生在一种积极的意念支配下进步、向上。正是应了这句话，李扬感受到了自己在班级里地位的微妙变化，同学也不再排斥他，他感受到了来自教师的那份信任与期待，在一种积极意念下，李扬开始在意自己的表现了，渴望能得到教师、同学的认可。他开始主动为教师跑腿，变得喜欢表现自我起来。他会拿着自己认真做的作业，对教师说："老师，我今天的作业写得好吧！""老师，我今天洗澡了。""老师，今天体育课上我受表扬了。""老师，这是我画的画。"看着他的点滴进步，我感受到宽容产生的教育效果，在他身上初见成效。

因此，作为教育工作者，要讲究教育的艺术。教育工作者面对学生所犯的错误，应该沉着冷静，不能用僵化的眼光看待犯错的学生。要尊重犯错学生的人格，要严中有爱，要平等地对待他们，要理解、宽容他们，要培养他们的自信，调动其内心改正错误的主动性，这样的教育才会真正成功。

"赠人玫瑰，手有余香"。你努力使别人快乐，也能使你自己快乐。教育教学的整个奥秘就在于热爱学生。"谁爱孩子，孩子就爱谁，只有爱孩子的人才能教育孩子。"教师如果能尊重学生的人格，理解其追求，欣赏其亮点，激励其进步，信任其言行，能让学生有如沐春风的感受，那教师就有了威信。教师要时时处处站在学生的立场上考虑问题，真正做到"一切为了学生，为了学生的一切"。真心实意地爱学生，有真才实学地教育学生，用真知灼见感动学生，让师生关系达到一种和谐融洽的最高境界。

教师要爱学生、尊重学生、宽容学生，启迪学生思想的改变，建立良好的师生关系，从而使自己的威信得以提升。

宽容是通往威信殿堂的必经途径

有威信的教师一定是胸怀宽容之心的人。

宽容本身就是教育。苏霍姆林斯基说："一般来说，我谅解犯错误的孩子。这种谅解能触动孩子自尊心的最为敏感的一角，使孩子心灵中产生一种促使他纠正错误的积极向上的意志力。孩子不仅深深悔恨过去所犯的错误，而且以积极的行动将功补过……常有这种情况：比起那种情况下可能采取的惩罚行动来，谅解所产生的道德感召力要强烈得多。"宽容要求教师坚信每一个学生的本性都是好的，每一个正常学生都具有完成基础教育所要求的基本学习能力，学生的问题不过是镜子上沾染的灰尘，拭去了灰尘，镜子依然光彩照人。宽容要求教师接纳学生的弱点，视学生犯错误为必然，正如美国一位教师在教室的黑板上方张贴的一句话，"教室：出错的地方"。教师要坚信，学生的许多错误常常是大人从自己的角度认定的，而就学生本身来说，都有其内在逻辑和合理性。宽容要求教师尊重学生的天性施教，搞人性化教育。有些教师连学生的天性都不能容忍，上课要学生坐得纹丝不动，课间休息也不许学生跑动（这可能有安全方面的考虑），学生忍受不了就说这些学生有"多动症"，要家长带他们去看心理门诊。

俗话说"仁者无敌"，其实质就是宽恕包容。宽容是一种智慧、一种美德、一种修养、一种高尚的品质，也是一种教育方式。作为一名教师，尤其是班主任，能以宽恕包容之心对待学生，不仅维护了学生的自尊心，给了学生反思自己行为的时间和悔改的余地，而且能表现出教师的宽广胸怀和智慧，也必然会赢得学生的信任和拥戴。

在日常工作中，宽容表现为"三不"，即"不责学生之小过，不揭学生之隐私，不念学生之旧错"。当然，宽容不是放任自流，而是一种教育手段。宽容的核心，应是以加强学生的自我约束、自我管理为原则，从而达到自我教育、自我发展的目的。学生偶有违纪、犯错误是不可避免的事情，如果学生一犯错误，教师就一味地训斥、责怪，不但不能解决问题，反而会使学生对教师不满，甚至明目张胆地与教师作对。这样不仅难以达到教育的目的，反而还容易使学生从教师身上学会了责备，对学生德行的养成也极为不利。

宽容应以理解、尊重和信任学生为基础。教师宽容学生的过错，实际上是把一种信任、一种责任交给学生，而学生得到信任和责任，也会尽最大的努力去改正自己的过错，从而不断地提高自身的修养。所以，只要敞开宽容的胸怀，宽容的魅力就会显现，教师也就无须费多大的口舌和周折，只以人格的力量就可以达到教育的目的。例如：

> 学生杨某，高一时迟到旷课是常事，调皮捣蛋全校有名，教师拿她简直没办法。高二时她被分到我班，因为我早已闻其"大名"，所以开学之初我就找她谈话，了解了她的思想和家庭情况，并和她约定："第一，在我们之间建立思想交流通讯簿，定期交流思想，要真诚、实事求是；第二，我对你的每一种错误原谅三次，如出现第四次则你要写出3 000字的检讨书；第三，我决不揭你过去之短，并决不当众批评你。"她听后惊讶地说："老师，真的吗？不过这好像不仅是对我的，还是对你的吧？"我说："对呀，是咱俩要共同遵守的。"此后，通讯簿就成了我与她之间交流思想的最好工具，也成了我帮助她改正错误的最好阵地。我的提醒、暗示、建议，她都十分注意，同一错误包括迟到、旷课也从没出现过第3次。半年后，她从思想到日常行为都有了根本的转变。她曾对母亲说："以前的老师只知道责怪、批评。现在我们老师如此宽容大度，所以每当我犯错误时，我都感到对他有深深的愧疚。我一定要好好遵守纪律、努力学习，否则我真是对不起他！"

宽容是一种信任。一天，一个学生家长向教师汇报说他的孩子新买的球拍被偷了，要求教师在班级里好好查一查，把小偷揪出来，好好教育教育。教师听了并没有立即展开调查，而是请学生讨论该如何找这副球拍，结果有个学生说应该把全班同学的书包、抽屉都搜一遍,对此,学生中有赞成的、有反对的,此时教师及时引导,让学生开个辩论会,结果通过辩论,师生一致认为还是不搜的好,说那个拿了球拍的同学一定是另有苦衷,他看同学们今天这么诚心诚意地帮他,一定很感动,一定会把球拍还回来的。果然,第二天球拍真的回来了。教师和同学的信任与宽容保护了那个拿球拍的学生的自尊心,也拯救了学生的心灵。如果教师大张旗鼓地在班级展开调查,并且公开那个学生的话,那后果一定不堪设想。

宽容是一种激励。曾看过这样一个感人的故事:

一次单元测验后,教师对学生说:"这次测验,你们知道谁进步最大吗?告诉你们,是小雨同学!他考了60分啊!"顿时,班里响起了热烈的掌声。60分对别的学生来说可能是一件耻辱的事,但对小雨来说,是一件破天荒的大事。一时间,所有的目光都集中到小雨的身上。此时,小雨压抑不住内心的激动,有一些隐秘的喜悦流露出来。可是,当试卷发下去后,一件意想不到的事发生了:一个同学说小雨的分数算错了,其实他只有55分。此时,全班同学悄无声息,小雨也出奇地平静。此时,教师已有了主意,只见她清了清嗓子,大声说:"老师确实是粗心大意,多算给小雨5分,但是今天我不想收回这5分,我愿意借给他5分,因为我相信,凭他最近的表现,他有一天会加倍偿还这5分的!"就是这5分使小雨像变了个人似的,各方面都有了明显的进步。后来,他在给教师的信中说:"敬爱的老师,谢谢你曾经借给我5分,也许您早已把那微不足道的5分忘了,但它对我来说却是十分珍贵、终生难忘的。"

这个"借给他5分"的故事足以说明宽容会化作一种力量,激励人自省、自律、自强。

宽容是一种仁慈。有一个一年级学生在学拼音时翘舌音总是发不准,教师没有批评呵斥,而是送给他一粒草莓糖,并且说只要吃了这粒草莓糖,再照着老师教的发音方法练练,就会读准翘舌音了。可以想象,这个学生是多么的快乐。一粒寻常的草莓糖消除了学生的焦虑、恐惧心理，帮助他树立了学好拼音的信心。我们应该从这粒草莓糖得到启示：赠给学生"温情草莓糖"，让学生品尝"温情草莓糖"新鲜而甜美的滋味，可以激励他们不断进步，超越自我。这就是宽容的魅力，它似一缕阳光，照亮了学生的心灵。

宽容并不是毫无原则地一味退让、忍耐，宽容的前提是对那些可以宽容的人和事。宽容的核心是爱。宽容不是去对付，而是以心对心地去滋润学生的心田，去包容学生的过失，去化解学生的不良情绪。教师以宽容之心对待学生，也会把这种智慧和美德潜移默化到学生身上。学生就能学会去宽容别人，就会明白"退一步海阔天空"的道理，就会懂得宽容原来是消除怨恨、责怪和愤怒的良药，就能正确地对待和处理同学之间的矛盾、融洽同学关系，更重要的是使学生学会了一种立足社会的基本能力。

宽容是一种爱，是一种重要的教育方式，其魅力就在于可以使人的思想改变，让人的灵魂得以重生，也能让教师的威信得以提升。

维护威信不能"高高在上"，要蹲下身来

师生之间应当是一种民主平等的关系，是双方在人格平等基础上的合作关系。但一直以来，教师习惯用站着的姿势与学生交谈，俯下头去看学生，势必让学生昂起头来看教师，这样师生之间自然就产生了形同孩子与父母之间的代沟。有了这样的距离，教师就会觉得读不懂学生，学生也往往不能理解教师。所以很多时候，教师会感到学生的所作所为与他们的想象格格不入，于是就埋怨、责怪学生。

其实，距离的产生是因为我们站得太高，离学生太远。"教师要蹲下身来看学生"，蹲下来，你和学生一般高，就容易走近学生、理解学生，与学生融为一体。让自己站在学生的角度去了解学生，也许这样才能更好地维护自己的威信。

我们先来看下面这个案例：

课前，贾老师把课文《惊弓之鸟》中的一段话工工整整地抄在了黑板上。课正上着，坐在第一排的一个男孩把手举得高高的，原来他的注意力跑到了贾老师的板书上，"老师，你写的'它'错了，下面的一撇出头了。"贾老师一看，果真是这样，就表扬这个学生"真细心"，然后把所有的"它"都改了过来。

课继续进行，岂知这个学生被表扬后，更来劲地给贾老师"挑刺"。当这个学生第四次"挑刺"时，下面的听课教师都觉得这孩子"鸡蛋里挑骨头"，太过分了，手写体哪能跟课本上的楷体一模一样啊！你一次次打断教师上课，怎么就不懂得尊敬教师啊！众怒难平之际，贾老师却不愠不怒，继续谦虚地接受了意见，末了还善意地提醒他应该认真听课。

后来，在进行说话训练时，前几个学生说得都一般。这时，那个挑错字的学生又举起了手，大家的心又悬了起来。贾老师"不怕出丑"，

还是请他起来，结果他要求"我来说"，他说得还真比其他人好。贾老师表扬了他一番后，也童心未泯地跟他"较起了劲"："现在好了，我也可以给你挑刺了，你说错了一个字……"说得这个学生心服口服，连连点头。下面的教师笑了，都没料到关键时候，还是这个学生"出彩"了一把。

学生四次"挑刺"，全出于好奇和认真。教师如不"蹲下身来"，肯定看不到这一点，很可能认为这个学生是故意冒犯自己，不给教师面子，即使宽容了第一次，也难以容忍第三次、第四次。贾老师能"蹲下身来"，能"忍常人之难忍"，将"挑刺风波"演绎成课堂的一大亮点，最后赢得的不仅是这个学生对自己的尊重，更主要的是使所有的学生都懂得了什么是平等，知道了如何不"唯师"，如何与教师一起创造快乐的课堂生活。

教师闻道在先、阅历丰富，学生年纪小、阅历浅、思想简单，但是大家是平等的。教师要用心倾听学生的谈话、见解，而不能摆出唯我独尊的模样。教师要蹲下来倾听学生的心声，蹲下来与学生交谈，学生才能无所顾忌，真正向教师敞开心扉；要蹲下来看学生，和学生一起看世界。只有蹲下来才能和学生处于一种平等的地位，才会给学生一种信任感。当然，无论是让学生坐下来，还是教师蹲下来，都只是形式而已，重要的是教师要有一种平等意识。教师如何蹲下身来看学生呢？

一、转变角色，关注每一位学生

长期以来，受师道尊严思想的影响，加上片面追求升学率，使教师形成了自己是绝对权威的思想意识和行为表现，在教学过程中排斥学生的主动参与，更不能面对全体学生，师生关系是一种主动传授与被动接受的关系，很难形成共生、合作、互动的关系，致使学生学无兴趣、厌学逃学。新课程强调建立新型的师生关系，师生双方相互交流、相互理解、相互补充，在这个过程中师生分享彼此的见解和知识、交流彼此的情感，完全是一种平等的关系，学校生活成为学生心智发展、健康成长的乐园。

教师不能再把学生当作盛知识的"容器"，他们是主动的知识建构者、积极的参与者。倡导把课堂还给学生，教师就要参与到学生中去，学生要参与到教学中来，教师应该对自己的角色重新定位，教师是学生学习的合作伙伴。同时，也要看到学生的差异，关注每一名学生的成长，不让一个学生掉队，把爱洒向全体学生的心灵。

二、蹲下身来，以宽容的心对待学生

教师是一个崇高的职业、光荣的称号。教师的工作平凡、艰苦、繁忙，责任重大。关爱学生是教师的天职，要做一名好教师，首先要有献身教育的精神。国际 21 世纪教育委员会的报告《教育——财富蕴藏其中》中指出："人们要求教师既要有技能，又要有职业精神和献身精神。"这种职业精神和献身精神的表现就是教师有一颗爱学生的心，有一颗宽容的心，这也是许多优秀教师的经验与法宝。蹲下身来，你会发现许多意想不到的现象。《写给年轻妈妈》一书中曾经谈到儿童电视节目主持人讲的一件十分有意思的事情：他的三岁女儿跟他很要好，可他发现，女儿最不爱逛商店，每次都哭闹着不愿进去。他百思不得其解，商店比家里好玩多了，小孩子为什么不爱去呢？一个偶然的机会令他发现了其中的奥秘。一天，他领着孩子在商店熙熙攘攘的人群中挤来挤去，女儿的鞋带开了，他蹲下来给孩子系鞋带时忽然发现，出现在自己眼前的不是琳琅满目的商品，而是森林般的大腿和来回摆动的大手，一个见棱见角的大提包，不时碰到孩子的小脸和身体……他明白了。这个事情告诫我们要蹲下身来，和孩子平视，以孩子的眼光去发现问题，了解他们的思想，抛弃自己的偏见，这样才能走进孩子的心灵世界，才能看懂孩子。

三、尊重学生，营造一个生活化的课堂

教学过程本身就是师生交往、共同发展的过程，教师要关注每一个孩子的知识、方法、情感、态度、价值观，在交流中放下架子，营造一个生活化的课堂。教师首先要会倾听，对学生诉说的事情感兴趣，淡化教师、教育者的角色，以平常心、孩子的心去加以引导。一个孩子就是一个世界，

倾听是一种理解，在交流中倾听，在倾听中沟通，实现共创共生。教师要善于用自己的知识与经验为学生解决学习、生活等方面的困难，要利用机会表达或流露出对学生的期待。

《南方周末》2002年1月刊登《特级教师》一文：学校好不容易才邀请来的省级特级教师将要在这所乡村小学讲一节公开课。特级教师说，上课时她将随便走进一间教室，谁也没想到她进了一个全校闻名的"后进班"。这间教室的讲台上散放着横七竖八的粉笔，桌面上落满了一层白乎乎的粉笔灰。特级教师用目光巡视一周后，迅速收拾好桌上零散的粉笔，然后走下讲台，转过身去，面对着黑板，轻轻吹去了桌上的粉笔灰。片刻的鸦雀无声之后，教室里响起了一片掌声，所有的教师、学生用掌声给她的开场白打了最高分。在讲课的过程中，她出了几道题让学生做，然后她又讲解了这几道题的做法，讲完之后，她说了一句："请做对的同学扬一扬眉毛，暂时没做对的同学笑一笑。"

看似平淡的动作与要求，反射出了教师对学生的热爱与尊重，进而带来的是教师的威信和学生对教师的热爱与尊重，师生关系会达到水乳交融的地步。要达到这一境界，靠的是教师崇高的师德、优良的素质、丰富的经验。这是教师的人格魅力。

一定要懂得自我克制

我们先看下面这个案例：

王磊是班级的数学课代表，他的数学成绩在全年级也是数一数二的，可是他在奥数竞赛的学校预赛中却落选了，因此感到十分沮丧。家长、数学教师、许多同学都安慰他，为他总结失败的教训，但王磊心烦意乱，根本听不进这些劝慰的话。面对失败，他对自己没了信心。有一天，在自习课上，他走进了班主任李老师的办公室，李老师没有责备和埋怨他，而是露出了一丝微笑对他说："你是出于对我的信任才来找我的，是吗？谢谢你的信任！另外，我想告诉你的是，我多么希望看到以前那个自信和笑容满面的王磊啊！"李老师的这一句话，让王磊感到意外，也十分感动……一年后，王磊获得了省奥数竞赛一等奖。

心理学上有一种理论叫"对比效应"，如把鲜艳与模糊的颜色并列，鲜艳的颜色更鲜艳，模糊的颜色更模糊。这一理论对教师在工作中如何表达自我情绪很有启示的。例如：一向严厉的班主任偶尔讲出几句柔和体贴的话，会令学生难忘；相反，向来宽厚的班主任，有一天突然大发雷霆，当然也会令学生大吃一惊。

亚里士多德说过："任何人都可能发火，这不难，但要做到为正当的目的，以适宜的方式，对适当的对象，适时适度地发火，这可不易。"不可否认，教师为了正当的目的，以适宜的方式，对适当的对象，适时适度地发火，是不可避免的，也是无可厚非的。但在一般情况下，教师要懂得、学会并能够自我克制。因为，这既是提高自身修养的体现，也是提升自身威信的手段。

事实上，在许多教育情境中，尤其是学生的情绪处在不平静的情况下，无须大发雷霆，只要"点到为止"就能达到目的。睿智的教师善解人意，他的语言像水一般温润，让学生在温和的话语中发现自己的问题，使学习和生活中许多可能伤害人的东西变得温暖起来；有自制力的教师善于移情（体验别人的情绪体验），他的话语像春风一样拂面，让学生觉得没有理由不接受，使学习和生活中受到伤害的心变得平静温暖起来，真可谓"良言一句三冬暖"。与此相反，诸如"叫你做的事情，一件也做不好""谁还能相信你啊"，则会使学生感到寒心，甚至丧失信心，可谓"恶语伤人六月寒"。

心理学中的情感智商（EQ）理论指出，智商（IQ）至多只能解释成功因素的20％，其余80％则归于其他因素，而这些"其他因素"中的关键因素就是情感智商——自我激励、百折不挠；控制冲动、延迟享受；调适情绪，不让焦虑干扰理性思维；善解人意、充满希望。由此可见，懂得、学会并能够自我克制，既是隋感智商的重要内容，也是教师自我修炼，掌握、提高教师工作艺术的重要方面。

那么，教师应该怎样懂得、学会并能够自我克制呢？

一、教师要懂得自我克制，培养高尚情感

教师的情感和情绪品质在班级管理和教育活动中具有重要意义，影响学生对教师威信的认可度及对班集体的向心度。因此，教师要懂得自我克制，不仅要培养高尚的情感，还要抑制消极情绪，避免情感带有偏向。

1. 养成高尚的情感

所谓高尚的情感，即情感的价值取向，是倾向社会的，而不是倾向自我的。高尚的情感集中体现为对教育事业、对学生的爱，也体现在教师的自尊心、责任心和荣誉感等方面。对教师而言，高尚的情感是从事教育事业的感情力量，是支配师德行为的强大内驱力。教师的教育实践也证明，教师高尚的情感可以感染学生，使学生也产生一种积极的情感，从而激发学生学习的动机和兴趣，使学生自觉强化学习和道德行为，养成良好的学习与行为习惯。从这个角度说，养成高尚的情感是教育工作者职业的需要。

2. 克服消极的情绪

保持良好的心境，不带消极的情绪进班级，这首先是由教师工作的特殊性决定的。由于社会竞争激烈，教师被社会及家长寄予厚望，感受到极大的工作压力和内心角色冲突，因而容易产生苦恼、烦躁、焦虑等消极情绪。如果教师不能及时克服、消除这些不良情绪，就难免会做出一些失范的行为，如无故发火、对学生进行讽刺或刻薄的批评等，从而造成师生情感隔阂甚至对立等严重后果。教师只有精神饱满、心情愉快、豁达开朗，才能胜任教育工作。尤其是豁达开朗的心胸能将教师暗含的期待信息传递给学生，使学生受到感染，得到鼓励。

3. 避免情感的偏向

教师的情感偏向，通常表现为对成绩优异的学生的偏爱和对学业成绩不良的学生的偏见。一般来说，成绩优异的学生和学业成绩不良的学生在学习与行为上的表现确实容易使人产生偏向，但如果教师将这种好恶情感有意或无意地流露出来，那肯定会影响班集体的氛围及师生关系。对成绩优异的学生偏爱，一方面，可能会产生"罗森塔尔效应"，使之更加努力；另一方面，也可能使其出现意志力弱化、自我评价失当、自我表现欲膨胀、与同学关系疏远等问题。与此同时，班主任对少数学生的偏爱可能会破坏其他学生的心理平衡，使他们产生不公平感，从而影响他们的听课情绪和听课效果。至于对学业成绩不良的学生的偏见，后果更严重，不仅会影响这些学生的学习情绪，挫伤他们的学习积极性，影响他们学习的成效，还会刺伤他们的自尊心，影响他们人格的发展及完善，甚至有可能影响他们的一生。

二、班主任应该学会并能够自我克制

1. 了解自我，自我觉知

有一个古老的日本传说：一个好斗成性的武士与禅师讨论天堂与地狱之意，老禅师不屑一顾，说："你不过是一个小丑罢了，不值得我费心与你论道。"武士恼羞成怒，拔剑而起："你竟敢如此无礼，看我一剑刺死你。"禅师缓缓道来："此乃地狱也。"禅师的话如醍醐灌顶，武士惊而顿悟，纳剑入鞘，躬身合十，拜谢点化。禅师再道："此乃天堂。"这个故事生动地道出了陷入某种情绪之中及开始醒悟自己被此情绪俘虏之间的关键区别。苏格拉底的名言"认识你自己"点明了：当自己的情绪发生之时即能觉知。

2. 管理自我，克制自我

管理自我、克制自我的情感技能有：自我警觉，确认、表达、管理与克制自我情绪，控制冲动，延迟满足，调节紧张与焦虑。班主任自我克制能力的关键在于把握情绪感受和行动的分寸，学会在行动之前先控制冲动以做出更恰当的情绪决策，并确认所选的方案，考虑可能产生的后果。同时，要善于破译学生情绪的信号，善于倾听，能够抵制消极影响，善于从学生的角度考虑问题，善于体验学生的情绪体验，理解特定情境要求的特定行为。

3. 训练自我，提高自我

在生动的教育实践中，进行自我训练是班主任学会并实现自我克制的根本途径。以下内容是对班主任自我克制能力进行系统自我训练的有效"课程"。

（1）自我意识。观察自己，认识自己的情绪，积累情绪词汇，了解思维、情绪及行动间的关系。

（2）个人决策。检查行动，了解、预测自己对学生所表达的言语和行动的结果，思考自己的做法是理智决策还是冲动行事，进而抵制不适当的刺激或情境的诱惑。

（3）控制调节情绪。思考自我内心对话，看看有无自我压抑的消极想法；寻找情绪产生的原因（如生气、发火可能是情感受到伤害而起）；找出减少恐惧、焦虑及悲伤的方法。我们无法改变风向，但我们可以调整风帆；我们无法左右事情的发生，但至少可以调节我们的心情！

（4）减轻压力。学习运动、想象、放松及转移、升华等方法。

（5）移情。"感人之所感"，并同时能"知人之所感"。既能分享学生的情感，对他们的处境感同身受，又能客观理解、分析学生的情感。

（6）交流。学习并学会与学生沟通感情，既善于倾听又善于提问；

能区分学生言行与自己对其言行的反应或判断之间的差异；能清楚、有效地表达自己的意见而不是指责学生。

（7）自我表露。了解坦诚和建立亲密师生关系的重要意义；知道吐露自己想法和情感的最好时机。

（8）领悟力。学习辨认自己情感及情感反应的模式；学习识别学生同样的反应模式。

（9）自我接受。培养自豪感，正面评价自己；知道自己的长处和短处；培养自我解嘲的能力。

（10）责任心。敢于承认自己的错误和失误，敢于承担责任；能认识到自己的决定和行动将会产生的后果，接受自己的情绪和心态，做事有贯串始终的毅力。

（11）自信心。学习不卑不亢地表达自己对学生的关心和情感。

（12）集体观念。学习怎样与他人（其他教师、家长等）合作，知道何时担起班主任的领导责任及怎样引导他人、领导学生，并懂得服从领导。

（13）解决冲突能力。学习与同学、家长及领导进行合理的争论，学习如何达到"双方都赢"的谈判妥协技巧。

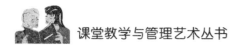

为人师表

有威信的教师一定是为人师表的教师。

什么是为人师表？从形式上说，为人师表是教师职业德性内涵的直接表达；从内容上说，为人师表是真善美的体现；从个性来说，为人师表表现为教师良好的个性修养。

一、为人师表是教师职业德性内涵的直接表达

教师作为一项以促进学生精神成人为中心的职业，德性品格的交流与融合是教师职业的基本特征。我们完全可以这样说，教育实践本身就是一种德性的实践，离开了教师的德性基础，教育行为就成了物化的、机械的知识技能的授受行为，失去了内在的灵魂。教师职业乃是通过自己的内在品格和修养来影响和熏陶受教育者，以美德启迪美德，以正义培育正义，促进受教育者的精神成人。正是教师德性的引导与人格的昭示，直接成为教育的基础，成为引领学生精神成人的起点与内在依据。因此，为人师表是教师职业德性的直接表达，是对教师最基本的道德要求。

很少有像教师这样的职业，可以通过自己的人格和品行来影响和引导自己的劳动对象，而且影响这样深远。从这个意义上说，为人师表是教师职业的尊严与荣耀所在。同时，教师的为人师表能为学生的成长和发展提供精神的引导和帮助，看着学生一天天进步、一天天成人，教师就会为自己的付出而自豪，为自己的期待和收获而高兴，这也是教师职业的幸福所在。我们在幸福的教育教学生活中发现：为人师表不是对教师职业的外在规定和束缚，而是我们职业生活的幸福和尊严之所系。

当然，为人师表作为教师职业德性的基本内涵，对教师来说也是一种严格的自律。示范，就是做出榜样，就是哲学家迪福所说的城楼上的"大钟"。迪福认为，如果一个人自己的表不准，它所骗的只是你一个人；如果钟楼上的大钟不准，那它就会骗了全城的市民。教师就是这个"大钟"，

就是走时准确、不会骗人的"大钟"。教师如果能以自己的优秀言行品质为学生做出榜样，进行示范，那么这种作用虽然是无形的、潜移默化的，但它却深沉得多、有力得多、持久得多，有时甚至会改变一个人的整体性格，影响人的一生。德国著名教育家第斯多惠也指出："教师本人是学校里最重要的师表，最直观的最有效的模范，是学生最活生生的榜样。"所以，加里宁要求教师"必须好好地检点自己，他应该感觉到，他的一举一动都处于最严格的监督之下，世界上任何人也没受过这样的严格的监督。"

为人师表乃是教师职业最基本的道德要求。不论是孔子讲的"不能正其身，如正人何"，还是陶行知说的"捧着一颗心来，不带半根草去"，都入木三分地阐释了为人师表的要义。人们把教师誉为不辞劳苦、辛勤耕耘的园丁，不仅是对他们教书育人丰硕成果的赞许，更是对他们为人师表的充分肯定。

二、为人师表蕴涵着真、善、美

中国现代漫画大师、教育家丰子恺先生曾经说过，圆满的人格就像一只鼎，真、善、美好比鼎的三足。为人师表作为一种教师职业德性的基本内涵，蕴涵着丰富而深刻的道德内容。最突出的就是体现了教师对真、善、美理想人格的追求。

1. 为人师表蕴涵着真

"真"，就是诚实守信，公平正直，言行一致，表里如一。陶行知先生说："千教万教教人求真，千学万学学做真人。"作为教师，最基本的德性就是自己要求"真"，从而激励学生求"真"和学做真人。

（1）诚实守信，公平正直。鲁迅曾提出，伟大人格的素质最重要的是个"诚"字。加里宁也特别强调诚实在为人师表中的作用，他认为"诚实守信"是肩负重任的教师必须具备的基本条件之一。自己并不具有的东西，也就无法给予别人。教师的一举一动对学生而言都是一本无字的教科书。任何虚伪的假象都逃不过学生的眼睛。故意表演出来的所谓"榜样"，一旦被学生识破，就可能造成恶劣的影响。因此，一个教师在待人处世上必须做到"贵诚实，守信义"；在讲授知识、解答问题时，必须做到"知之为知之，不知为不知"，让自己成为最好的"诚信教科书"。

卢嘉锡是我国著名的化学家，20世纪30年代曾兼任福建厦门省立中学的数学教师和英语教师。一天，一名学生拿了一道看似容易但一时又解不开的题向他请教。他拿回去，在图书馆翻阅了众多中外杂志和有关参考资料后，才在最新出版的一本外国杂志上找到这道难题的答案。这是该杂志的悬赏题目，是一项最新的研究成果。卢嘉锡向学生详细介绍了解题的方法和具体过程，直到那个学生完全弄懂为止。他对那个学生说："闽南有句老话，叫作'只有状元学生，没有状元先生'。我现在虽然在教你们，但还有许多东西自己也不懂，要进一步学习。"学生听了大为感动。卢嘉锡先生做到了为人师表，他表现了一种诚实守信的高尚品德。

公平正直是教师人格的脊梁，一个无法做到对人对事公平正直的教师很难赢得学生的尊敬，他（她）也很难成为一个真正的教师。公平正直，意味着教师要处处以事情本身的是非曲直来决定自己的态度和方式，意味着教师要嫉恶如仇，敢于与一些不法不公现象做斗争，例如：能公平处理成绩优秀学生与成绩落后学生之间的矛盾，一视同仁地看待不同的学生；不接受家长或社会的宴请和礼物，更不会向家长索取财物，敢于与腐败现象做斗争，等等。教师做到公平正直，就会为学生为人处世树立标杆，就会培养出一批又一批的公平正直的人。

（2）言行一致，表里如一。教师"言必信，行必果"，学生就会从中晓得怎样做人。言而无信，行而无果，装腔作势，弄虚作假，言行不一，表里不一，不仅会失去学生的信任，而且会使学生对教师所给予的教育（甚至是所有的教育）产生怀疑，因为它虚假失真。在教育中，任何方法上的不当，都没有比教师自身言行不一更糟糕的了。教书育人，要求教师也要以言行一致、表里如一的品格影响学生，学生诚实的品格需要教师言行上的真实来熏陶。

2. 为人师表包含着善

教师为人师表作为一种人格道德示范，不仅蕴涵着真，还包含着一种更为高尚的善：那就是把促进学生的健全发展当作自我职业人生的目的，并为之无私无悔地奉献；善待每一个学生，关爱每一个学生，帮助每一个学生，让教育的和煦阳光普照每一个角落。"捧着一颗心来，不带半根草去"，陶行知先生的言与行就表明了教师职业的善的内涵。

（1）把促进学生的健全发展当作自我职业人生的根本目的。教师要对全体学生的全面发展负责，不仅关怀学生的现实人生，而且也要关心学生一生的成长与发展；不仅关心学生的认知性素质发展，也关心学生的情感性素质的发育与成长；不仅在某一阶段关注学生的健全发展，更把对学生的健全发展负责贯穿自己的职业人生。鲁迅先生曾说，"在生活的道路上，将血一滴一滴地滴过去，以饲别人，虽自觉渐渐瘦弱，也以为快活"，充分地体现了教师"落红不是无情物，化作春泥更护花"的献身精神，这正是"善"的体现。

（2）有教无类，爱生如一。有教无类，为孔子先身倡行。南朝著名经学家和教育家皇侃曰："人乃有贵贱，同宣资教，不可以其种类庶鄙，而不教之也；教之则善，本无类也。"充分体现了教师"博施于民而能济众"的高尚品德。教师主要的任务就是尽最大的努力让更多的学生成"良材"，具有高尚的情操。教师不但要爱"白天鹅"，也要爱"丑小鸭"。"有教无类，爱生如一"，不仅是实现教育目的的必然要求，同时也集中地反映了师爱的广泛性和高尚性。反映了教师向善的品德。

有位教师曾讲过这样一件事：

我的班上曾经有这样一个学生，人称"打架大王""逃学大王"。他上课从来不听讲，考试从来不及格，家里管不住，他的母亲只好整天坐在学校门口监视他。对于这样的学生，我没有嫌弃，也没有放弃。我课下主动与他接近，跟他聊天、打羽毛球；还有意安排他为教师做一些事情，如到办公室取书、帮教师誊分、给教师做教具等。我发现他干活时特别卖力气，就有意安排他担任劳动委员。我支持他的工作，在全班同学面前给他树立劳动委员的威信，同时对他逐渐提出要求。为了便于对他监督指导，班级排座位时，我特意安排他坐在前排。上课提问时，估计他能回答的问题，就让他回答，对他的每一点进步都给予及时的表扬和鼓励。放学后，我经常留下来帮他补课。有时干脆把他领到家中辅导。精诚所至，金石为开，渐渐地，他对学习产生了兴趣，不逃学也不打架了，后来顺利地升入了初中。毕业时，他送给我一本精美的相册，里面还放着一张我和他在学校门口的合影。相册中还夹着一张纸条，纸条上写道：

"敬爱的钱老师：

您好！爸爸、妈妈和我都很感激您，您是我在小学阶段遇到的最好的老师，我真舍不得离开您。

一个让您费心的学生"

（3）济贫助学，嘘寒问暖。一位曾经得到过斯霞老师捐助的学生在回忆斯霞老师时动情地说，我上小学时家境非常贫穷，学习成绩也比较差，但斯老师并没有嫌弃我，而是给予我更多的关爱，课后经常找我谈心，鼓励我树立信心、克服困难。有一次，我父亲生病住院，开学两个星期了，我还没有筹到学费。斯老师知道情况后，立即到我家里把我叫到学校，替我交清了所有费用。从此以后，斯老师每月都接济我，直到我小学毕业。如果没有斯老师当年的关心和帮助，就不可能有今天的我。

这是师爱的重要表现，是一种善的实践，它真实地传递了教书育人的真谛。许多教师不顾自己工资微薄、生活清贫，常常解囊资助贫困学生，并在生活上给予其诸多关照，表现了教师淳厚、高尚的品德。

3. 为人师表体现着美

教育是一门艺术，艺术的重要表现是美。为人师表作为教师德性的基本内涵，以及教师职业道德的基本要求，必然体现着美。这个"美"是内在美与外在美的和谐统一。

（1）行为美。行为美最重要的标志是行为端庄、遵纪守法。教师要把学生培养成为对国家、社会有用的人才，本身就应成为行为合宜、守法护法的模范。与此同时，举止优雅、大方，行为得体，不知不觉中就传递出丰富的教育意蕴。

（2）语言美。美好的语言往往反映着教师良好的知识素养和思想情操。古人云："慧于心而秀于言。"教师内修于心，外秀于言，能够给学生以美的感染与良好的话语示范。

（3）仪表美。仪表包括衣着、发式、举止、姿态等。教师的仪表是一种无言的教育方式，具有特殊的教育意义。整洁、大方、端庄是每位教师仪表美的标准。

教师的仪表还包括风度问题。风度是人的精神气质在举止、姿态方面的外在表现。对教师而言，其应有的风度是举止稳重、姿态端庄。也就是说，教师的一举一动都应显得端庄有方，喜怒哀乐皆有分寸。

蔡元培先生便十分注重自己的仪表。他每次去学校给师生讲话和上课，必定要换上浆洗得十分清爽的衣服，把每一颗纽扣扣上以后，还要对着穿衣镜整理一番。进入讲演厅或教室前，也要习惯地整一整衣冠。这种讲究整洁的好习惯对学生无疑是一种无形的教育。

三、为人师表还表现为良好的个性修养

一个好的教师具有健康的个性品质，有着广泛的兴趣、坚强的意志、开朗的性格、稳定的情绪，这本身就是给学生以熏陶和影响的教育资源，可以给学生提供良好的示范。因此，教师的良好的个性修养是为人师表的重要体现。

1. 广泛的兴趣

兴趣是最好的老师。兴趣广泛，不仅是教师自身幸福生活的条件，而且是影响学生个性发展的教育手段，是教师与学生在更广泛领域里建立共同语言、融洽师生感情、培养教师威信的重要手段。教师广泛的兴趣，不仅表现在对教师事业的热爱和高度的责任心上，而且表现在热情指导学生感兴趣的活动上。

2. 坚强的意志

教师的工作是艰巨繁重的劳动，不仅需要热情和兴趣，而且需要教师的良心、意志和觉悟。教师的意志作为教师个性品质的重要内容，是重要的师表风范。教师沉着自制，对自己所从事的事业抱有明确的目的

和坚定的信念，不论处于顺境还是逆境，总是充满必胜的信心，在困难面前百折不回、刚毅顽强、勇敢无畏，具有顽强的毅力和坚韧不拔的精神，这些都会对学生产生潜移默化的影响。

3. 开朗的性格

教师热情开朗的性格是一种重要的教育因素。它在教育、教学活动中表现为热爱人生、热爱事业、精神饱满、勤奋愉快、胸怀坦荡、乐观向上的精神状态。这种性格有利于产生巨大的人格吸引力，建立良好的人际关系，而且有利于克服逆境和心理挫折，不致由于孤僻、悲观、冷漠的消极情绪而影响教育效果。

4. 健康的情绪

美国的鲍德温研究了 73 位教师与 100 名学生的相互关系后得出结论：一个情绪不稳定的教师容易扰乱其学生的情绪，而一个情绪稳定的教师也会使其学生的情绪趋于稳定。可见，教师的心理素质对学生的影响是很大的。

四、为人师表的具体表现

美国学者加德纳指出，在自然而丰富多彩的环境中，我们成人的每个优点和缺点、强项与弱项，都将展示在孩子面前。孩子时时刻刻都在关注成人的行为，观察成人如何处理问题，能否明辨是非及如何对待他人。对于儿童来说，道德就是在生活实际中通过仔细观察成人和其他同伴的行为而发展起来的。即使我们有很好的教科书，但如果与现实生活中的情况是相反的，那么教科书是无用的。只有教师自己把"人"字写大了，才能培养出大写的"人"来。为人师表就在教育教学的日常性事务中体现出来，每时每刻、课内课外，教师的人格直接成为其教育实践的基础。

1. 仪表端庄

教师的仪表是为人师表的第一表现，它是教师内心世界的外在表现，是教师精神气质的自然流露。一个着装得体、格调高雅、富有朝气的教师形象，不但会使学生产生一种潜在的愉悦和崇敬心理，激发学生积极向上的情绪，而且会给学生一种美的熏陶与享受。

教师的仪表主要表现为衣着发式、修饰打扮等。第一，要整齐清洁，面对活泼、积极向上的学生，教师不但要以内在知识丰富学生，而且要以良好的外在形象美感染、熏陶学生。因此，造型简洁大方、款式线条流畅、色彩单纯和谐、面料质朴典雅，就是教师着装的最佳选择。另外，教师的仪表应符合时宜，注意整体和谐，具有审美价值，显示出教师的威望与风度，以提高对学生的亲和力。苏联教育家马卡连柯说过，对学校教师或其他工作人员，都必须要求衣服整洁，头发和胡子都要弄得像样，鞋袜洁净，双手清洁，不随地吐痰，不抛掷烟头，不刻意追求新异前卫，不浓妆艳抹，也不总是古板、严肃、老气横秋，令人望而生畏。

　　2. 谈吐自然、文雅

　　打动人心的力量正是来自教师亲切的话语及在动作、体态中自然流露出来的平等、爱护、关切之情。教师在与学生交流时，应多一点亲切、自然、文雅，注意使用规范、健康的语言，肯定、赞许的语言，幽默、生动的语言，决不能是低级庸俗、粗鲁污秽的语言，更不能使用尖酸刻薄侮辱性的语言嘲弄辱骂学生，否则会伤害学生，给学生留下终生挥之不去的阴影。言教从口边做起，教师要注意说话的场合、时机和内容，把话说好。同时，教师应适时发挥动作、表情、手势、眼神等无声语言的暗示与沟通功能。关爱地抚摸一下学生的头、会意的微笑、赞许的目光、亲切的握手……每一次举手之劳，无不体现着对学生的关心、尊重、鼓励和期望，从而能够收到无言之教的效果。

　　有一位教师曾遇到这样一个"突发事件"：他着急地去上课，刚推开教室门，只听"哗啦"一声，从门上方掉下来一盆灰土，刚好扣了他满头满身。教室里立刻哄堂大笑。他顿时觉得气不打一处来，像一座即将爆发的火山，大吼一声："笑什么？"学生们一看是他，全都吓得脸色苍白，大气也不敢出。他用锐利的目光盯着全班学生，足足有十分钟之久，才用一种低沉、威严的声音问："是谁干的？站出来！"教室里静得只能听见"咚咚咚"的心跳声。但他分明看见，一个学生低垂着头，浑身哆嗦如筛糠。他不动声色地走下去，一把提起那个学生的衣领，厉声问："是不是你干的？说！""不是我！我没有！我……我不是故意的……""哼！不是你还能是谁？马上停课三天，回去请家长。"接着，他又将参与此事的学生统统赶出了教室。这时，他还余怒未消，又令全班学生站起来，不分青红皂白，劈头盖脸地训斥了起来，直到下课铃响。在这个"事件"中，这位教师可能是学生恶作剧的"受害者"，但他在处理"事件"的过程中没有做到为人师表：脾气暴躁，出言不逊，伤及无辜，这对学生的消极影响是显而易见的。

3. 以身示范

教师通过自己的实际行动来感染学生，使之受到教育，这便是身教。身教重于言教，其特点是以身垂范，直观性强，感召力大。在教育实践过程中，教师必须以身作则、身体力行，只有"己正"，方能"正人"；只有以"其身正"，方能求得"不令而行"的教育效果，方能产生无言而威、不教而教的特殊文化心理；否则，"上行下效"，必然对学生产生极为有害的影响。身教要从身边做起。这也是教师职业幸福感的重要来源。

我国著名教育家张伯苓，1919 年之后相继创办南开大学、南开女中、南开小学。他十分注意对学生进行文明礼貌教育，并且身体力行，为人师表。一次，他发现有个学生手指被烟熏黄了，便严肃地劝告那个学生："烟对身体有害，要戒掉它。"没想到那个学生有点不服气，俏皮地说："那您吸烟就对身体没有害处吗？"张伯苓对于学生的责难，充满歉意地笑了笑，立即唤工友将自己所有的烟全部取来，当众销毁，还折断了自己用了多年的心爱的烟袋杆，诚恳地说："从此以后，我与诸同学共同戒烟。"果然，打那以后，他再也不吸烟了。

南开虽为私立学校，但并不是生财赚钱的工具。南开的经费完全公开，每年的账目都放在图书馆里任人查看。张伯苓曾说，谁要是查当月账目，他可以五分钟之内告诉你，这确实不是大话。他以身作则，节约学校的每一分钱。他每月取于学习的报酬，只是中心校长的一份薪水。大学成立后，他也只在此之上加三四十元，相当于当时大学毕业生工资的二分之一。他每次到北京办事，为替学校省钱，总是住在前门外施家胡同一个普通客店，每天房费一元。张伯苓常常在外为学校募款，几千、几万、几十万元，都分毫不差地交到学校，未有一文入了私囊。

教师以身示范，包含着要做好学的榜样。陶行知先生说："学高为师，德高为范。""要想学生学好，必须学生好学。唯有学而不厌的先生，才能教出学而不厌的学生。"这要求教师要建构精深、广博的知识结构，广泛涉猎，博采众长，完善技巧，提高适应教学能力，为学生素质的提高奠定坚实的基础。教师要精通自己所教的学科，要熟悉所教学科中最复杂的问题，这也是我们常说的"一杯水，一桶水，长流水"的关系。教师只有具备了渊博的知识，深厚的功底，讲话才能挥洒自如，引经据典，引人入胜，从而唤起学生的求知欲，使学生感到乐趣无穷。

有位教师在介绍自己的教育经验时说：她新到一所小学当班主任，发现这个班的同学在早读时间很吵闹，而且迟到的很多。开始，她用批评、干涉的方法试图改变这一现象，一周的实践证明了这种方法的徒劳。新的一周开始，当学生走进教室时，发现班主任端坐在讲台前，不再干涉他们，而是旁若无人、声情并茂地朗读自己喜爱的作品。学生好奇地围在教师周围，很快一些学生被教师朗读的作品吸引，一些学生则回到自己的座位，拿出了课本或自己喜爱的作品。一个月以后，班上再也没有迟到的学生，教室里响起的是教师和学生共同的读书声。

总之，作为教师，只有为人师表才能更好地在学生中树立起自己的威信。

三分教，七分带

在教育过程中，教师的人格魅力是无穷的。教育过程说到底是一种人格的完善过程。教师的思想觉悟、道德素质，对学生有很大影响。我们常说"教书育人"，所谓"育人"就是要培养学生良好的思想品质。教师不仅要在自己讲授的课程中循循善诱地对学生进行引导，还要通过言传身教让学生懂得做人的道理。教育过程是一种人格完善的过程，这种完善在很大程度上取决于教师本身人格力量所施加的影响。

无论是课堂教学还是游戏聊天，都是在身教，都是在潜移默化地影响，这种在自然状态下的教育，更能收到实效。常言说："做人，三分教，七分带。""喊破嗓子不如做个样子。"倪萍在中央广播学院讲课，学生问她怎样成为一个受欢迎的节目主持人。倪萍说："要在文化上补充自己，素质上提高自己，人格上修炼自己，风格里面有你的人格。"。

教师就是要以高尚的人格去影响学生。不管你是教什么的，不论你是有意还是无意的，在传授知识的同时，你的观念、气质、性格、修养、情趣、爱好等都和知识连在一起，对学生施加影响，不是积极的就是消极的。就连教师一个赞许的点头，一丝会意的微笑，一束鼓励的目光，都会渗入学生的心田，变成巨大的精神力量。学生都有天然的向师性，教师的一言一行都会引起学生的高度注意，并通过眼睛在自己的"心灵底片"上留下影像。学生都有向上的思想，都希望得到教师的信任和喜爱，有些学生甚至因教师上课没提问到自己，以为教师不喜欢他而感到悲观。所以，教师要平等、公正地对待学生、尊重学生，让学生在平和的氛围中健康成长。

从某种意义上说，学生的身心能不能得到健康和谐的发展，教师的作用至关重要。杨霁朝对苏步青的培养，寿镜吾对鲁迅的影响，杨昌济对毛泽东的教育，都对这些名人的成长起着非常重要的作用。学生对教师的崇敬之情是真诚的，它不会随着时间的推移而消失，即使学生两鬓斑白，取得高于教师的成就时，教师的形象仍留在学生的脑海中。

　　人的职务是一时一地的，而人格是一生一世的。教师素质是在教育教学活动中表现出来的，它直接影响着教育、教学和人的发展。教师说到做到，学生就言必信，行必果；教师办事认真，学生就可能养成踏踏实实、坚持不懈的精神。乌申斯基说"教师的人格，就是教育工作的一切"，并认为教师对学生的影响是"任何教科书、任何道德箴言、任何惩罚和奖励制度都不能代替的一种教育力量"。学生对教师尊重的唯一源泉就是教师的德和才。教师应该是学生心中的一座丰碑。培根说："知识就是力量。"雨果说："思想就是力量。"那么，高尚的道德不也是一种力量吗？屈原悲愤赋《离骚》，董存瑞托起炸药包，不都是高尚的道德情感激起的不尽波涛吗？

　　所以，教师站在讲台上，台下几十双眼睛注视着你，你又该如何想呢？要知道，你在学生心目中是崇高的，是作为活生生的榜样走上讲台的。学生不仅向你学习知识，更重要的是向你学习怎样做人。一个人品德好、能力强、诚实守信、心地善良，总受到大多数人的赞许，这也许会决定一个人事业的成败。

　　1814年冬，美国加利福尼亚州沃尔逊镇来了一群逃亡者，好心人给他们送饭，这些人狼吞虎咽地吃起来，连感谢的话都没有。但只有一个年轻人不同，当镇长杰克逊把吃的送到他面前时，年轻人问："吃您这么多东西，您有什么活需要我干吗？"杰克逊说："我没什么活要你做。"年轻人说："那我不能白吃您的东西。"杰克逊只好说："你吃过饭，我给你派活。"年轻人说："我还是干了活再吃您的东西吧。"杰克逊没办法便说："你愿意给我捶背吗？"于是，小伙子十分认真地给杰克逊捶了背。

　　饭后，杰克逊便将这个年轻人留在了自己的庄园，并把他培养成了一把好手。两年后，杰克逊又将自己的女儿嫁给了他，杰克逊对女儿说："别看他一无所有，将来他百分之百能成功。"果不其然，20年后他成了亿万富翁。他就是美国赫赫有名的企业家——哈默。

人品、人格就是一种力量，他是人生的底价。一位文学家说过这样一句话："一切彻底的成功，都是做人的成功；一切彻底的失败，都是做人的失败。"

有关部门不久前进行的民意调查表明，教师在所调查的 21 种全民所有制行业中，形象还是比较好的。但现在存在的问题也相当严重，打骂、体罚学生现象时有发生；有的教师也不太注重自身的形象。作为一个教师，要有良好的威信，要加强自身修养，要给学生做出榜样。车尔尼雪夫斯基说过："教师要把学生造就成什么人，自己就应当是一个什么人。"

细节之中显师表

某小学课堂上，辅导员正有声有色地讲述"青少年应该敬老爱幼、关心他人"的道理，一个学生突然举手："老师，昨天在公共汽车上，有个老奶奶站在您身边，您为什么不让座啊？"老师大为窘迫。这个学生的率真多少让我们欣慰。榜样的力量是无穷的，倘若为人师长者违背自己宣扬的思想道德，那么便会造成恶劣影响。

为人师表，更重要的是要注意生活中的细节。俗话说："教育无小事，事事是教育；教育无小节，节节是楷模。"只有把外在形象与道德形象结合起来，以良好的师风、师德感召和熏陶学生，才能真正负起为人师表的重责。有位学生在写给教师的信中说："老师，您做到了为人师表。有一次，讲台上有一张废纸，好多同学视而不见。您没有生气，而是走过去，弯下腰捡起来，几个同学脸都红了。"寥寥数语，教师的为人师表及其对学生产生的影响跃然纸上。在细节中做到了为人师表，我们就真正地做到了为人师表，因为教育就是一连串的细节。

孙维刚是个全才，从教三十八年，他教过物理、历史、地理、音乐，兼任过校排球队、乒乓球队、篮球队教练，还担任过手风琴伴奏。课堂上的孙维刚更是知识渊博、触类旁通。"上他的课是一种艺术享受"，就连听课的教师也禁不住赞叹孙维刚的才华。孙维刚认为，教师应当引领学生，使他们形成联想。他倡导教学应从以知识为目标转移到以活生生的学生本人为目标，全面发展学生的素质。

这就是为师的境界，身为教师，必须要有广博的知识和精湛的教艺。

1. "德"是第一位的

孙维刚的三轮实验班，都是市级优秀班集体。第三轮班，全班都是共青团员，班长是共产党员。班风正派，在考试时，教师发完卷子就可离开；铃响后，学生自己收卷给教师送去，绝对无人作弊，因为"诚实"是他们最珍贵的财富，谁也不肯糟蹋它。孙阳和他的妈妈在教室后面为每个同学拓造了一个柜橱，一分钱也不收，他们说："为什么不给我们一个学习雷锋的机会呢？"就读于哈佛大学的彭壮壮在给孙老师的信中写到："洛阳亲友如相问，一片冰心在玉壶"，表达了自己对祖国的深刻眷恋。如今，学有所成的他，已回国创业。

这就是为师的境界，身为教师，必须把"德"放在第一位。

2. 他信奉：班主任以身作则和对学生真诚

尽管会议和社会工作比较多，他还是力争每天早晨7点到教室和学生一起做值日；大扫除时，他主动到厕所做拧墩布的脏活儿；学生摔伤了或生病了，他背他们上医院；他做错了事，或哪怕心里错怪了谁，都会在全班面前检讨，向被错怪的同学赔不是。

1993年1月的一天早晨，孙维刚在上班路上因帮助别人推车而迟到了5分钟。到教室后，他什么也没有说。在黑板上写下："今天我迟到了，对不起大家。"然后走出门外，在凛冽的寒风中站了一个小时。

这就是为师的境界，身为教师，必须以身作则和对学生真诚。

3. 孙维刚爱他的学生，这种爱"随风潜入夜，润物细无声"

1992年1月，已患膀胱癌的孙维刚带4名学生参加第七届中国数学奥林匹克竞赛。竞赛第一天早晨，孙维刚突然大量尿血，可他还是去了考场，陪伴了学生一天。晚上九点，该送学生上五楼去休息的时候，孙维刚进了一次卫生间，他拉灭了灯，为的是不看。但黑暗中，不小心差点绊了一跤，他俯下身去，看见满便池都是鲜红的血，原来这一天孙维刚都在不停地尿血。还送不送学生上五楼呢？如果不送，孙维刚担心学生会想，这不是孙老师一贯的作风，是不是他出什么事了？如果睡不好觉，便会影响他们第二天的考试。于是，孙维刚装作若无其事的样子，送他们上了五楼，照顾他们睡下后，才下楼坐公共汽车回了家。

而第二天一早，参赛的学生又看到了孙老师。

这就是为师的境界，孙维刚爱他的学生，这种爱"随风潜入夜，润物细无声"。

教师是一门特殊的职业，特殊之处就在于其示范性，在于教师的一言一行对学生人格的长远影响。因此，在每天的教育教学生活中，在每一个细节上，教师都不能忽略自己对学生的影响，从而严于律己，做好学生的表率，这样更有利于教师威信的树立。

诚信为本

　　新学期开学，班主任王老师给学生以热情洋溢的鼓励，并郑重承诺：只要全班同学齐心协力，在争创文明班级活动中得到流动红旗，就在"六一"儿童节时带大家去野炊。一连两个月，学生很努力，每次都获胜。临到"六一"儿童节，学校禁止办集体活动，同学们很是懊丧。王老师没有忘了自己的承诺，但又不能违反规定，怎么办？在班队活动课时，王老师给每名同学发了张白纸，要他们写一写、画一画他们心目中的"六一"儿童节。大家好开心，分别吐出了自己的心声，有的希望到乡下去陪奶奶，有的希望在家看一晚上电视，有的请求教师在"六一"儿童节不布置作业，有的则希望在节日戴上红领巾……王老师把这些心愿一一整理，属于教师要做的事就精心安排，属于家长要做的事则通过不同方式告知家长。在节日那天，学生很开心，他们都说过了一个难忘的儿童节。

　　教师每天要说很多话，但对学生说话，必须掂量好了再说，因为在学生心目中，教师的地位是不言而喻的。作为学生心目中的偶像，教师的承诺如果不能兑现，将失去自己的人格魅力、失去自己在孩子心中的威信。现在，不少地方、不少学校都在搞师德承诺，要记住，一诺千金。承诺了就不能等闲视之，承诺了就不能出尔反尔、言而无信，因为这是一种诚信，一种信誉。一个不守承诺、不讲信誉的教师是毫无威信可言的。

　　许多人都听说过下面这个故事：

　　一次，福克斯受邀参加某大学的演讲，大学生问他："你在从政的道路上有没有撒过谎？"福克斯说："从来没有。"

　　大学生在下面窃窃私语，有的还轻笑出声来，因为每一个政客都会这样说，他们总是发誓说自己从来没有撒过谎。

　　福克斯并不气恼，他对大学生说，孩子们，在这个社会上，也许我很难证明自己是个诚实的人，但是你们应该相信这个世界上还有诚实，它永远都在我们的周围。我想讲一个故事，也许你们听过了就忘了，但是这个故事对我很有意义。

有一位父亲是位绅士，有一天他觉得园中的那座旧亭子应该拆了，他的孩子对拆亭子很感兴趣："爸爸，我想看看怎么拆掉这座旧亭子，等我从寄宿学校放假回来再拆好吗？"父亲答应了。孩子上学后，工人却很快把旧亭子拆了。孩子放假回来后，发现旧亭子已经拆除了，他闷闷不乐地说："爸爸，你对我撒谎了。"父亲惊异地看着孩子。孩子说："你说过的，那座旧亭子要等我回来再拆。"父亲说："孩子，爸爸错了，我应该兑现自己的诺言。"

父亲很快召集来了工人，让他们按照旧亭子的模样重新在原地造一座亭子。亭子造好后，他叫来了孩子，对工人说："现在，你们开始拆这座旧亭子。"

福克斯说："我认识这位父亲和孩子，这位父亲并不富有，但是他却为孩子实现了自己的诺言。"

大学生问："请问这位父亲叫什么名字，我们希望认识他。"

福克斯说："他已经过世了，但是他的儿子还活着。"

"那么，他的孩子在哪里？他应该是一位诚实的人。"大学生问。

福克斯平静地说："他的孩子现在就站在这里，就是我。"福克斯接着说，"我想说的是，我愿意像父亲一样，为自己的诺言为你们拆一座亭子。"

言罢，台下掌声雷动。

如今的中国正在建设诚信社会，在一般情况下，不管做什么事情，一个人都应该讲诚信。

诚信作为一种被提倡和宣扬的道德准则，其基本含义是实事求是，恪守信用。这一道德准则有着漫长的历史，可以追溯到每一个伟大文明的源头。我国自古就崇尚"人而无信，不知其可也""民无信不立，政无信不威"等道德标准，不仅视"诚信"为人人都应遵循的处世准则，还将其作为政府行为或国家行为的准则。

在学校教育中，教师的诚信程度直接影响着学生对社会价值的认识。先让我们来看看下面的案例中学生心中的教师诚信形象：

上周五下午周队课，我在所任教班级精心策划了一场主题中队活动，目的是让学生敞开心扉，说说各自心目中的诚信教师形象。

整个活动由中队长韩笑主持，我坐后排当"听众"。学生开始有些拘束，在我的开导下才纷纷上台——副中队长陈洁学习认真，做事利落，她首先发言："我心中的诚信教师：幽默、风趣、不包庇，与学生亲密无间……

有班级"小作家"称号的王鹏程说话慢条斯理："我心中的教师是一位和蔼可亲、知识渊博的人，他给予我许多关怀，让我感受到学校这个集体的温暖；他给予我许多知识，使我在知识的海洋中快乐地遨游；他给予我许多鼓励，让我在前进的道路上碰到困难时心情得以平静。"

主持人韩笑示意即将上台的同学稍等，她似乎有些急不可耐："在我的心目中，教师并不个个都是诚信的。真正诚信的教师对待同学要像园丁呵护花草一样，精心照料。工作当中遇到什么不称心的事情不要放在脸上，更不能将无名之火撒在我们身上。我还想提醒教师，与同学们说话要和声细语，同学们做了错事要与他们谈心，不可大声吼叫。"

吉磊同学不善言辞，这回却落落大方："我心中最诚信的教师就是您了。您做什么事都是说到做到，不像有些教师那样丢三拉四。但您也有缺点，比如下课时不能跟我们一起做游戏，除了上课就是备课、改作业，要么找同学谈话。要知道，跟教师一起不单是学习知识，也包括做一些让我们开心愉悦的游戏。"

蒋鹏是个心直口快的男孩，瞧他说的："老师，如果您换一种眼光看我，我会觉得自在些……您说话不要太刻薄，会让同学很没面子。还有，您做事要有记性，您说过到××同学家去家访，但到学期结束也没有去，这不说明您缺少诚信吗？"……

伴随着下课铃声，我走上讲台，向全班同学深情地鞠躬："感谢同学们的真情道白，让我们携手并肩，与诚信同行！"同时，在黑板上庄严地写下了我的宣言："打造诚信，从教师做起！"掌声响起，我从学生的掌声中体味到了一种信任与期盼……

在以上案例中，教师特意安排专门的时间，围绕诚信的话题，怀着倾听的心态，让学生能倾吐衷肠，从而让教师感受到应该怎样做一个诚信的教师。但是，在很多情况下，教师的诚信失落却在遗忘或忽视中被学生悄悄地"拣起"，然后在某一个特定的时机显露出来，请看下面的案例：

暑假即将开始，这是一个学期的最后一天，也是学生期盼已久的发成绩报告单的日子。但对班主任来说，却是一个忙碌的日子，打扫卫生，发暑假作业、成绩报告单……。好不容易忙完了，在让学生整队放学的时候，我发现有几个学生一副欲言又止的样子。

我把一个学生叫了过来："什么东西忘了吗？还是有什么话想和老师说？"

他抬起头，有些委屈地指控我："老师，您说话不算数！"

我茫然不解地问："老师什么时候说话不算数？提醒老师一下好吗？"

旁边的几位同学见状，靠过来七嘴八舌地说："老师，您说期末考试考到 100 分，您就请我们吃冷饮的！"

学生的话让我恍然大悟。那是期末考试前几天的一次班会课上，学生你一言我一语地说起了家长对期末考试的各种奖励。一个调皮的学生突然冒出了一句："老师，我们考 100 分，您奖励我们什么呀？""那你们想要什么样的奖励呢？""这些天挺热的，老师就请我们吃冷饮吧！""没问题！"我满口答应。

那几句话对我而言，只是为了激发学生复习的积极性而随口说说的，而对学生而言，我的随口应允就是一个承诺。

我一直教育学生要诚实守信、言出必行，可是我自己的行为……我把学生重新带回教室，诚恳地说："对不起，同学们！老师今天竟然忘了自己说过的话，差点成为一个不守信用的人，请同学们给老师一个改正错误的机会，让老师履行自己的承诺，做一个诚信的人，好吗？"

我的话音刚落，教室里爆发出一阵热烈的掌声和欢呼声。在同事的帮助下，冷饮很快发到了学生的手上。他们小心翼翼地拿在手里，舍不得吃，满脸骄傲。

当我再次把学生带出校门时，家长已等候多时了。学生飞快地扑向家长，拿了奖品的学生把手里的冷饮举得高高的，一边跑一边说："看，我得了 100 分，这是老师奖给我的冷饮！"

陀思妥耶夫斯基说："我要求别人诚实，我自己就得诚实。"教师为人师表，在学生看来，教师不仅是知识和智慧的化身，而且教师的形象和为人也会感染学生。也就是说，教师的言行在学生眼中都是"真"的。因此，在课堂教学中，教师的"说话"必须注意真实性，不应该逢场作戏、虚情假意、言行不一，让学生有受骗的感觉。否则，就会让教师威信扫地。

一位教师在教学四年级下册"游戏规则的公平性"时。创设了丰富的教学情境，引导学生初步了解游戏规则的公平性。教师在每组信封里准备了 8 张牌：红桃 A、红桃 4、红桃 6、红桃 8、黑桃 2、黑桃 3、黑桃 5、黑桃 7，要求学生设计公平的游戏规则。

教师鼓励道："我们来比一比，看看哪个小组设计的游戏规则最公平？我将给大家颁发'金点子奖'和'创新设计奖'。"学生使出浑身解数，设计了多种游戏规则，本指望教师兑现自己的诺言，结果教师只顾答案的呈现，而忘记了自己的"承诺"。

还有一些公开课中，由于学生精彩的表现，教师适时地把奖品"奖励"给学生，结果到下课时，教师却向这些学生要回这些奖品。这种虚假交往，在一定程度上挫伤了学生学习的积极性，容易造成学生对教师的不信任感，当然也会大大降低教师在学生心目中的威信。

在市课堂教学评优活动中，一位教师为缓解借班上课的难度，达到调动学生积极性的目的，在课前与学生见面时承诺：如果课上跟教师好好配合、积极发言，那么就将一只可爱的布熊送给他们。当时还把布熊在学生面前晃动了几下。

第二天，学生不知是否因为教师的物质刺激，还是教师的课的确激发了他们的学习兴趣，实现了教师所期望的"好好配合"。精彩的课上完了，可学生并没有获得那只可爱的布熊，因为教师带着布熊走了。

这班孩子告诉了自己班的教师"上当"的事，要求在教师的帮助下得到他们该得的奖品。学生的强烈呼声让教师不好推脱。于是，又把这事向学校领导做了汇报，学校领导与对方单位取得联系，第二天对方就专程把布熊给送来了。

这位教师给孩子上了一堂数学课，而学生也给教师上了一堂关于诚信的道德课。

另外，有的教师为了发挥学生学习的主体性，常会故作姿态地向学生"讨教"："这个老师也不会（或不明白、不知道、不理解……），谁来教教老师？"但接下来的表现却让学生看出教师并不糊涂，教师在说谎。对此，教师没必要装腔作势，完全可以直截了当地让已知的学生交流他们的思想。

但是，教师有时为了学生、为了诚信可以"守口如瓶"，这种沉默是"金"，它是师生之间心灵的彼此"守护"。

有一次，我班级里的一个学生在教室里捡到了同学掉的饭钱，悄悄地塞进自己的口袋里。事后，为了让他说出事实的真相。我一再向他保证：只要他肯说出实话，不仅可以原谅他，而且决不把事情的真相告诉别人。学生相信了我的话，把事情的经过告诉了我，并向我承认了错误。

一件很棘手的事情就被我这样轻而易举地解决了。说实话，我的心里非常得意，这似乎成了我炫耀的资本。我把"破案"的经过告诉了同事，说来也巧，那个学生正好来办公室找数学教师交作业。

听了我们的议论，看到教师看他的眼神，他的小脸霎时间煞白。他用满含愤怒的目光看了我一眼，随即迅速地跑出了办公室。

从这以后。他像变了个人似的。上课再也看不到他举手了，学习成绩也下降了。事后，我也意识到了自己的错误，也主动地向他诚恳地赔礼道歉，可他和我疏远了。见到我，他就远远地躲开了。

看着这个学生的变化，我很后悔，也使我懂得了：言而有信对学生来说是多么重要。他们能说出心里话，是他们认识错误的起点。作为班主任，要教育好学生，不仅要做他们的知心朋友，更重要的是要收藏好学生的秘密。

无独有偶，我又遇上了类似的事件。我班级里的一个学生在上课时，撕开了净水桶盖上的塑料纸，又把桶上的一个小塞儿掉到了瓶子里。为弥补自己的过错，他想用铅笔挑出那个小盖儿，但不仅没成功，连铅笔也掉进了桶。当我知道这件事情后，我找到了那个学生，可他不承认，怎么办呢？我又采用了同样的办法——只要他肯说出实话，我不仅原谅他，而且决不把事情的真相告诉其他人。想了半天，他终于承认了错误，说出了实情。我也长长地舒了一口气。

其他教师想了解事实的真相一个劲儿地问我，我也很想告诉他，但一想起上次的事件，我忍住了。学生用感激的目光看着我，我也友好地朝他笑笑，一切尽在不言中。

教师的诚信换取的将会是学生的诚信。学生首先看在眼里，看一看教师的诚信是否真心实意，然后他们会记在心上，想一想自己应该怎样做才不辜负教师的诚意与信任，体现自己的诚信。在下面案例中，一位班主任将会告诉我们应该怎样做好教师的"诚信作业"：

刚接手六年级二班，我就知道张建华——一位因从不做家庭作业而"闻名"的学生。一周下来，果然名不虚传，家庭作业他只字未动，我打算找他谈谈。可我转念一想，他什么样的教师没见过，夸奖型——挖掘成绩，鼓励表扬；温柔型——和风细雨，晓之以理；严厉型——宣布纪律，写下保证。这些对"身经百战"的张建华有用吗？

某日，听到他与同学闲聊："……做老师真好，自己不用做作业还可以给别人布置作业……"于是，我与他达成了一份君子协定：张建华每天认真完成教师布置的作业，言老师每天认真完成张建华同学布置的作业。

放学时，我布置了大约20分钟的作业量，他由于没经验布置了一个多小时的作业。我认真完成了，虽然很累。第二天，张建华看了我满满的作业，认真写了个"优"，张建华也完成了作业，虽然字不够端正，我也批了大大的一个"优"。他有些难为情，我却很激动。

第二天放学，我布置了近半小时的作业量，他可能看到我昨天做得太多了，只布置了20分钟作业量。我们都认真完成了作业，值得一提，张建华的字明显端正了，估计是受到了我的影响，我依然很激动。

好现象一直坚持了4天，周末到了，凭经验我知道他可能因为贪玩而完不成任务，我特意少布置了些作业，半鼓励半开玩笑地说："可不能违反协定！"到了下周一，我满怀希望地看他的作业，结果却令人失望。但我依然拿出自己的作业给他批，他红着脸批了个"优"。下午，他把补好的作业给我批，我很吃惊，因为我没有叫他补作业，我很欣慰。

20多天过去了，我特别高兴，张建华每天都完成作业。可我也苦恼，自己总不能把家庭作业一直做到他毕业呀，可这是协定，我应该遵守。

有一天，我去外省参加一个活动，要5天，临走前，我们分别给对方布置了5天的作业。5天后，当我们互相批作业时，张建华先是红着脸，因为他一字未做，当我把满满的作业给他批时，从来不哭的张建华哭了，哭得很伤心，他流着泪对我说："言老师，以后我一定按时完成作业，请老师放心，我不再给您布置作业了，请老师别做家庭作业了。"此时，泪水模糊了我的视线。

快一年过去了，张建华马上要毕业了，他实现了他的诺言。

诚信是一个永恒的话题，围绕它能撰写许多故事、抒发许多情感。

总之，作为教师，我们一定要记住：一个有威信的教师是要讲信誉、守信用，以诚信为本的。

谦虚赢得威信

谦虚，历来就是中华民族的美德，也应当是一个有威信的教师应具有的品德。

"藏才隐智，任重致远""谦虚受益，满盈招损"。这是《菜根谭》对人们的劝告。

洪应明先生用很形象的比喻说，老鹰站立的时候像是在沉睡，老虎走路的姿态就像生了病一样，这正是它们准备以利爪捕食猎物的手段。所以，有德的君子要做到不显露聪明、不矜夸才华，方能肩负重大责任。

一个具有真才实学的人，遇事绝对沉着坚韧，不会有丝毫夸耀的念头。而那些自我夸耀、生怕别人不赏识自己的人，通常不知天高地厚，对事情也只是一知半解就跃跃欲试。常言道"一瓶水不响，半瓶水晃荡"，说的就是这个道理。事实上，一个有才华的人，最好深藏不露，否则很容易招致周围人的嫉恨。所谓"木秀于林，风必摧之；堆出于岸，流必湍之"。所以，先人才有"良贾深藏若虚，君子盛德容貌若愚"的名言，就是告诫后人不可夸示才智，而应该有大智若愚的风范。

洪应明又说，"欹器以满覆，扑满以空全"——欹器因为装满了水才会翻倒，扑满因为空无一物才得以保全，即常言所说的"谦受益，满招损"，就像成熟的稻穗因为弯垂所以能耐疾风，而挺直的麦秆则无法抵挡风力。由此观之，做人如果不懂得谦让，就算无意与人相争，他人也会视你为对手，随时对你展开攻势。

再者，如果不抱有虚怀若谷的心态，自然就会筑起一道牢不可破的心理防线，听不进别人的善意规劝，往往给人态度骄横的印象。而一个人如果内心充满了杂念，又不愿意接纳别人善意的建议，就会成为蛮横不讲理的狂人，这样只会招致他人的嫉恨，陷自己于险境。

有一位教师在"教育在线"论坛上袒露自己的心迹：

当教师30年后的今天，一种认识越来越清晰：虽然我在中学工作的角色可能还会有这样或那样的变化，但却有一种永远不能变的角色，这就是首先当好一名学生。要当一流的教师，就要先当一流的学生，这不仅包括自觉地向老教师、向书本、向社会、向自己的学生学习，更应该包括一种更高层面的角色和策略的换位思考。

这位教师还说，影响青年人成长的最大因素，不是环境和他人，而是自己的惰性、满足、自我原谅、自我开脱……人生对于大多数人来说，不会总是艳阳天，难免会有大渡河、金沙江、腊子口，总会遇到一些沟沟坎坎。我们既要想到不耕耘就不会有收获，更要想到有十分的耕耘并不一定能有十分的收获。但是，最重要的是先要去耕耘，因为人生的季节是不等人的。

我想，有了这种认识，这位教师一定会自觉改变自己，付出努力，从而一步步树立自己的威信。

还曾在网上见过这样一篇文章：

教师大都学过某一个专业，毕业后就做了这个专业的学科教师，有的还兼班主任工作，我走的就是这条路。刚走上讲台，有过几天两腿发颤、头脑发蒙的经历，适应了一段时间，尤其是看到学生的"无知"后，腿也不颤了，头也高高仰起了，学科傲慢渐渐抬头了。有时即使学生提出一个解题的好办法或者偶尔提出一个好建议，我也认为不过如此，甚至还跟学生说，我的办法还是不错的。时间一长，提意见的学生也少了。

一次被"赶鸭子上架"的经历，真正改变了我。事情是这样的：我从教的第二年，因为当时教师短缺，校长安排我除了教初三的物理，还兼教初二的历史。物理是我的专业，历史基本上是外行，正因为我是外行，无形中拉近了我和学生的距离，我不可能居高临下地对待学生了。

这一年的教学，现在看，真正让我受益的是改变了我的教学方式，让我明白了学科傲慢的危害，也让我明白了有多少学生就有多少个装满"金子"的小脑瓜。这段特殊的经历也为我以后主动选择教数学增强了信心。

有了这段经历。我开始学着反省自己，并落实到行动。为了避免我的学科傲慢，我坚持：

第一，和学生一同参加考试。只要不是我命题的试卷，就和学生一起考，把自己完成的试卷混入学生试卷一起密封，统一阅卷。结果我考第一的时候极少，排在五名以外的时候都有，即便是考了和学生一样的高分，解题方法也有不及学生的时候。甚至一直提醒学生注意的问题，自己犯错的时候也不少！我这样参加考试，不仅拉近了和学生的距离，也为自己的学科教学提供了借鉴，促使我不断地改进教学思路，更新教育观念，不再唠叨"你们考试的时候要细心"，而代之以具体的方法指导。尽管成绩不是评价教师和学生的唯一方式，但和学生一同参加考试，有效地避免了我的学科傲慢。

第二，遇到学生的问题，多回忆自己学生时代的成长经历。我上初一的时候，语文学科学得很不好，就连听写生字我都很害怕，甚至有了上语文课逃课的念头。教师上课听写10个生字，我写对5个以上的时候都很少。值得庆幸的是，我的老师并没有批评我，在了解了我的心态以后，老师跟我说，"以后你写对5个我就给你满分，发听写作业以前，你到这儿把那几个不会写的补上。"从此，我对听写生字的恐惧心理一扫而空，终于有一次我堂堂正正地考了满分，老师在班上表扬了我，我学习语文的信心大增。尽管我没能把语文学得多么出色，毕竟有了小小的进步。这段温馨的回忆，让我在我的教学历程中学会的不仅仅是善待学生，而且懂得了倾听与交流是何等的重要。向学生学习，既可以增长我的教育智慧，又可以避免我的学科傲慢。

第三，遇到学生或班级的问题，多请学生出主意。我认为，一个教师不论经验有多丰富，也总会遇到棘手的问题。社会在变化，学生在成长，新问题当然会层出不穷，多请学生出主意，让学生学会自我管理、自我教育，这个过程促使我进一步反思、调整自己的教育、教学方式。

第四，多学习、多思考。既向外行学习，又向家长学习；既向书本学习，又在网络学习；既向本学科的教师学习，又向其他学科的教师学习；既向成绩优异的学生学习，又向学习困难的学生学习；善于倾听，也得善于思考；读书的时候，眼睛瞪大一点，实践增多一点；反思自己多一点，指责别人少一点。

这位教师所说的是另一种形式的不谦虚，那就是学科傲慢。所谓学科傲慢，就是说人常常是到了不熟悉的领域，才能估计出自己的真实价值；而在自己熟悉的领域，往往会夸大自己的本事。学科傲慢会极大地损害教师威信。

克服这种傲慢的主要途径应该是提高教师素质，培养民主精神和尊重学生的意识。然而，事实上很多教师都不会自觉提高自身素质，他们克服傲慢的主要途径是在教育教学中碰钉子。老路走不通，学生不买账，只好调整自己的观念。这是一种被动的学习，但总比不学好。

学科傲慢，从思维方式角度讲，还是一种"确定性的傲慢"。法国当代思想家埃德加·莫兰的《教育的七个黑洞》，其中有这样的话："人们教授确定性，然而需要教授的恰恰是不确定性。"这话非常深刻。经验告诉我们，当一个人自以为真理在手，一切都明白如昼，一切都确定无疑的时候，他肯定会很傲慢的。所以，我们的教育不能迷信标准答案。我们要让孩子从小就明白，很多事并不那么确定，任何一个人知道的东西永远少于不知道的东西。这不是谦虚、而是实事求是。

人们因无知而傲慢，因傲慢而更加无知。

在孩子面前傲慢，是最没出息的傲慢。

所以，要想在孩子中真正树立和提高自己的威信，还是要记住那句名言：谦虚使人进步，骄傲使人落后。

第二章

教师必须走正路

爱护自己的形象

教师要想树立自己的威信，就要爱护自己的形象。可以想象，一个没有良好形象的教师，是无论如何也建立不起威信的。当然，我们这里讲述的形象并非指穿衣打扮等外在形象。曾在媒体上见过这样一篇文章：

我的观点：可不可以不收礼

近年来，学生家长给教师送礼的现象开始增多。凡逢年过节，或教师家有红白喜事等，一些家长就会送礼给教师。从表面上看，这种送礼乃是平常小事，是家长对教师的尊敬，但实质上这样做的后果却非常严重。其理由如下：

第一，学生知道教师经常接受家长的礼物，会在他们心目中形成不良的印象，不利于学生身心的正常发展，也影响教师自身的形象，影响教师开展正常的教学工作。

如果学生知道教师经常接受家长的礼物，久而久之，可能使学生形成一个错觉——教师的品德不是我们想象的那么高尚。一些表现差的学生可能会更加无所顾忌，可能会有意给教师难堪，使教师在学生心目中的"崇高形象"一扫而光。一般情况下，教师在学生心目中的形象是高大的，教师是人类灵魂的工程师，像蜡烛，像春蚕，教师只有奉献，没有索取。但是，当这个光环消失，学生可能会走向另一个极端，从此瞧不起自己曾经崇拜的教师。那么，我们教师今后还怎样开展正常的教学工作呢？

第二，如果学生知道教师经常接受家长的礼物，会在部分学生中形成攀比，最后导致整个班级集体风气恶化、学习成绩下滑。

从古到今的教育大师都有一个共同的观点："尊"源于"道"，"信"

源于"法"。中小学生还没有完全形成正确的世界观，他们的从众心理特别突出，再加上好奇心重，他们会去猜测谁给教师的礼物最好，形成同学之间的攀比，影响了整个班集体的风气。

学生家长给教师送礼是目前一个敏感的社会话题。案例作者仅仅是说一说他的心里话，提醒教师能够科学、恰当地处理目前这些敏感问题，摆正教师与学生、教师与家长之间的关系，使家长和学生能够理解教师、信任教师，也使学生的身心得到健康的发展。但作为教师自身就必须认真对待，努力提高自己的师德，强化自己的教学艺术与教学风格，争做专家型教师，建立起崇高的威信。

1. 善于从自身寻找原因

从整体上看，在社会发展的各个阶段，人们对教师的整体印象还是积极的。我国有着尊师的悠久历史传统。在古代，自荀况把教师与天、地、君亲并列以来，教师一直受到尊重。

在过去近三十年的时间中，政府大力提高教师的社会地位和待遇，教师职业总体上已经成为一种具有一定吸引力的职业。

教师的社会印象来自教师自身的积极努力。教师地位的提高、待遇的提高也意味着对教师责任和要求的提高。公众对教师群体的印象来自对个体教师特点的概括，这种概括在一定程度上反映了教师本身的某些特点。

2. 廉洁从教

教师的收入，主要是国家规定的工资，其次是所在学校给予的各种津贴，还有一部分可能是通过为社会提供各种有关的服务而得到的合法收入。

真正给教师的社会形象造成危害的，是教师"创收"的某些手段。影响最坏的主要是补课。课堂上不讲，课后让学生到自己家里给学生"补课"的事，近几年在许多学校时有发生。这大多发生在经济较为发达的一些城市中学，特别是高中，更为突出。

除了补课，还有收礼，严格地说，是索要礼物。如今的家长，望子成龙心切，总希望教师对自己的孩子高看一眼，或者给予特殊的照顾，就会送礼物给教师，送了礼的学生就得到了特殊照顾。这样来看，教师"收礼"绝非一种被动行为，多少有点索取的味道，因为其中的潜规则是根据"礼"来对待学生。

教学是学校的中心，课堂是教学的主渠道，这是人人都明白的道理。上好课，是教师的最基本的职责；公平对待每个学生，根据学生表现给予客观评价，是教师最基本的责任和义务。与这些责任和义务相对应的权利是国家提供的工资。如果要说教师职业道德的"底线"，这就是最后的底线。超越了底线，就不知自爱了。要想得到社会的尊重，就更不可能了。

3. 形成自己的教育教学艺术和风格

教师要受到社会、家长、学生的尊重和爱戴，必须刻苦钻研科学文化知识，掌握教育教学理论，不断改进自己的教学方法，形成自己的教学艺术与教学风格，争取成为一个专家型教师。

纵观那些富有威信的优秀的教师和教育家，无不具有自己的教育艺术和教学风格。在世人眼中，他们也是专家型教师。但是，对他们而言，教育艺术和教学风格本身不是他们追求的根本目标，而是为了获得理想的教育教学效果的一种途径，或者说是在追求理想教育教学效果的过程中所形成的一种自然的结果。而"专家型教师"的称号，也不是他们自封的，而是社会公认的。

教师的最高境界是教育家。教育家不仅是社会公认的，而且是历史公认的。无数当代的"名人"也许会随着历史的变迁而销声匿迹，但是真正的教育家，历时愈久，愈受到人们的尊敬和敬仰。例如孔子，死后历经数千年仍被奉为"万世师表"。个人所拥有的一切的个人价值，将随着个体的消亡而灰飞烟灭。然而，真正有利于社会的事业和功绩将万世流芳。

教育家，应该是我们的理想。

我们先来看一位李姓班主任写的文章：

让学生信服

我对"信服"的解释是"信任加服从"。做一个让学生信服的班主任，就必须树立起自己的威信，让学生认同我们的观点和行为。

1. 向学生宣传解释班级管理制度

任何法律、法规都必须先向公民宣传条文的内容，说明立法的依据和目的，才能顺利实施。

（1）让故事说话

我面对的是初中生，大多在家娇生惯养、爱看动画片、知识面不广，因此我决定换一种方式向他们说教。我讲了一个"农夫的稻谷"的故事。有一个农夫得到了一种特别优异的稻谷的种子，大家都来向他讨要，可是农夫拒绝了大家的请求。到了收割的季节，农夫惊讶地发现，自己的稻谷居然跟邻居的一样。原来，风把好稻子和普通稻子的花粉混在了一起，所以村子里的稻子变成一样的了。后来，这个农夫把自己的优异种子分给了邻居，这样大家都收获了丰收。学生很容易从故事中悟出，良好环境中的个人进步是最大的，而这种良好的环境是由分享、互助造就的。

（2）以情动人

我们班主任都应该知道用"情"去打动学生、感化学生。

例如，对某些总受漠视的学生，如果我们特别关照他，他会十分感激，发奋读书，这时我们可以持续关照他。而当他又开始违纪时，我们就可以适当让他感觉到教师对他再次违纪的失望。这时，我相信大部分学生都会主动向你道歉。让学生时时感到你的关心、你的存在，让他们觉得做得不好有愧于你的友好，他们才会体会师生情感的酸甜苦辣。只有品尝了酸甜苦辣的情感，学生才会被"情"打动和感化。

　　（3）以理服人

　　现在的学生有自己的思想，衡量事物的好坏、善恶有自己的尺度和标准。如果我们不能抓住事情的要害，就难以让学生认同，假若我们说服不了他们，他们就会反感，继而反抗。所以，我们对每一件事情都要认真分析，找出关键所在。比如，每个学校都有打架事件发生。说教没有抓住事情的关键，学生就没有认同。学生去打架，绝大多数是因为心理不平衡，认为受了别人欺侮，在同学面前失去了面子，必须挽回这个面子。我常给学生讲韩信忍胯下之辱的故事，然后问学生："韩信厉害，还是市井无赖厉害？"回答是"韩信"。我又问："如果韩信杀了无赖，历史上还有韩信吗？"回答是"没有"。然后我说："韩信没有杀无赖。如果你认为你比对手强，你就不要与他打。打架没有赢家，不打才是赢家。"这样，学生的心理疏通了，握紧的拳头也就放下了。所以学生打架时，一般我问三个问题："谁赢了？还想打吗？现在怎么办？"学生一般回答：一个同学不曾赢，一个同学未曾输；不想再打；握手言和。我觉得学生基本认同了我的这种处理办法。

　　2. 让家长认同我们的教育方法

　　如果家长认同班主任的教育方法，就会帮助宣扬我们的教育方法，帮助我们在学生心目中树立良好的形象。那如何让家长认同我们的教育方法呢？如果想在一个学期内把学生的成绩提高，然后得到家长的认同，这是不切实际的。我们必须换一种角度来思考。我们自己做父母，如果我们的孩子说出一句关心我们的话语，可以让我们开心很久，更不用说做一件让我们高兴的事了，学生的家长又何尝不是这样。基于这种考虑，七年级时，我让学生每次回家说一句关心父母的话、做一件让父母高兴的事。那时，我接到最多的电话就是家长高兴地告诉我："我的孩子一到中学就懂事了。"这就是家长对我教育方法的认同。八年级时，我又让学生与父母谈一次心，并交一篇心得给我，主要是让学生理解父母。这种做法使家长非常高兴，当天就有两个家长打电话来感谢我。

说实在的，我班学生成绩并不拔尖，可家长从不责问我，相信我能把他们的孩子教好，认为把孩子交给我放心。既然这样，他们肯定要求孩子严格按我的要求做，我的班主任工作还会难做吗？

3. 把"苦"事变"乐"事

我们的班纪班规在一定程度上会限制学生的自由，被限制了自由自然会有些难受，这就是"苦"事。我们就得想一个办法，变一种方式把我们的要求告诉学生，把"苦"事变"乐"事。如我要求学生早晨跑步，估计学生肯定会叫苦连天。我首先自己跑两天步，然后写一篇"招友启事"说："开学来，我备感工作和学习压力，有力不从心之感，所以我决定锻炼身体增强体质，以便更好地工作和学习。可两天来，我形单影只。现打算在班级内寻找有志锻炼身体的好友一起跑步，有意者请在下面空白处签上你的大名。"启事在班上贴出后，学生全部签上了名。我认为这比强迫学生跑步、向学生说教跑步的好处效果要好得多。又如学生厌学，我不说学习的重要性，而是背诵王艮的《乐学歌》："乐是乐此学，学是学此乐。不乐不是学，不学不是乐。"我认为，这样的说教其乐融融、其乐无穷。

班主任在学生中能否树立威信，赢得学生的钦佩和信任，是班主任品德修养、管理能力、教育水平及教师人格魅力的综合体现。钦佩和信任使人亲之而近之。古人云："有威则可畏，有信则乐从，凡欲服人者，必兼备威信。"可见，获得钦佩和信任对于开展班主任工作多么重要。

李老师以自己的实际工作经历，证明"言必信，行必果"对班主任而言是何其重要。孔子曾经说过："其身正，不令而行；其身不正，虽令不从。"作为教育工作者，班主任肩负着教育学生受教育的责任，班主任要取"信"于学生，那么就必须在学生面前树立起一个良好的形象。而让学生认为最可信、最有说服力的良好形象是班主任自己的以身作则、身体力行、表里如一和言行一致。班主任要以身作则，为人师表，时时处处起到表率作用，真正成为学生心目中的楷模，影响教育学生。这是做好班主任工作的基础。

除此之外，班主任也要对学生因材施教，并懂得宽容、谅解地对待学生。每一个学生都有自己的性格特点，班主任应该利用一切可能去细心观察，分析每一个学生的性格、气质、才干和志趣，做到因材施教。班主任要根据学生不同的性格、气质、才干和志趣，做到投其所好，赢得学生的信任。比如，有的学生比较喜欢教师的直接批评教育，喜欢单刀直入的教育方式；而有的学生比较喜欢教师的婉转批评，对于教师的直接批评，他们会产生反感。那么，作为班主任的我们，就应该根据学生的个性，采用不同的教育方式，最终达到教育学生的效果，从而赢得学生的信任。在因材施教的同时，班主任也要学会理解学生，认真研究他们思想发展的过程，努力探索他们的内心世界，并懂得宽容、谅解地对待学生。因为，人与人之间相互宽容，是人际关系良性循环的润滑剂。

化解矛盾，维护其他教师的威信

在班级日常工作中，班主任与学生接触最频繁，在教育学生、管理学生方面的投入也最多，加之又有班主任的"头衔"，因此比较容易树立自己的威信。学生与班主任产生矛盾、冲突的机会也相应较少，尤其是较严重的冲突极少。学生即便心里不乐意，但口头上、行动上还是能服从班主任的指挥。相比之下，其他教师由于参与班级活动少且与学生的交往多数局限在课堂里，因而也不易受到学生的重视，遇到问题产生冲突的机率相对就大一些。此时，班主任应以情动人、以理服人，主动维护其他教师的威信。当然，其他教师能否树立威信，班主任的主动维护只是一个方面，关键还是在于教师自身的人格魅力和教学水平。

为了化解矛盾、树立其他教师的威信，班主任要注意讲究方法与策略。师生矛盾比较复杂，有时责任全在于学生，有时学生、教师双方都有责任，也有时主要责任在于教师。在处理师生矛盾时，班主任不要不分曲直，一味地压制学生，也不要在学生面前批评教师。要在认真调查的基础上，按实际情况合理、公正地加以解决。除此之外，在班级管理过程中，班主任要全力支持其他教师做好教育教学工作，如支持教师在班级树立典型、表扬或批评学生，支持教师对学生的奖励等。下面的实例对班主任化解矛盾、维护其他教师威信具有参考作用。

刚下第三节课，初二年级一班的班长就向班主任黄老师报告了一个很坏的消息——小刚在物理课上同陈老师发生了严重的冲突。事情是这样的：

小刚因为同母亲赌气，早晨没吃饭。挨过两节课后，第三节就挺不住了。他本来物理成绩就差，加上肚内不适，根本听不进去课。陈老师发现他频频皱眉，一副反感的表情，也十分不悦。为了吸引学生的注意，陈老师提高了声音，不料小刚更加烦躁。陈老师一见此状，很是生气。他点名让小刚站起来回答问题。小刚知道陈老师这是有意给他难堪，所以产生了一股对立情绪。于是，他以沉默表示了他的反抗，激起了陈老师的气愤。他严厉斥责了小刚，然而小刚竟用蔑视的目光回敬这位对同学一向严格的老师。这样一来，矛盾激化了。陈老师"命令"小刚离开课堂，小刚不但没有服从，反而"扑通"一声坐在椅子上。陈老师一见，气得脸色发白……

听完班长的报告，黄老师感到心情沉重。她知道，凡是这样的冲突都是最棘手的问题。科任教师同本班学生的关系一旦到了这样的地步，是很难协调的。通常的做法是，班主任站在教师一面，给学生进一步施加压力，使其屈服、就范，以此为教师树立威信。这种做法，实践表明，是失败的。黄老师觉得，只有多做双方的工作，用灵活的方法，使他们真正沟通，架起感情的桥梁，才能收到好的效果。

黄老师开始了耐心细致的工作，她同陈老师谈话之后，又找了小刚。

她没有过多地责备小刚。只是说，陈老师现在很后悔，他想找小刚谈心。小刚听了这话之后，立刻低下了头。接着，黄老师谈起了陈老师的工作、生活、家庭……

"学校教师都知道，陈老师是一个工作拼命、极为认真的教师。"黄老师说，"因为工作出色才从农村被选拔到我们重点学校。可是，大家只知道他的工作，并不完全了解他的生活，陈老师的妻子没有工作，而且因为生病，生活都难以自理。五年来，陈老师想方设法为妻子求医治病，承担着全部家务，用一个人的工资供养着三口之家。尽管如此，他从来没因此影响工作。是的，他性情急躁，脸上好像时时都布满乌云，这是因为他心里苦啊……"

说到这里，黄老师情绪很激动，眼睛一下子潮湿了。此时，小刚也被感动了，他心中原来积存的不满和怨恨，被消解了，心底涌起了一股内疚。

"小刚，我不想为任何一个人的失误进行辩护，也不想更多地责备你在课堂上的行为，我只想要求你站在陈老师的位置上多想一想，我相信你会正确处理这件事情的……"

小刚是个倔强的孩子，但他不是一个不通情达理的学生，而且也有一颗善良的心，听了黄老师这一番深情的话，内心很不平静。

"陈老师深感后悔，他心情沉重，他说他伤害了一个学生的自尊。"黄老师沉默了一会又接着说："他要来找你谈心，我没同意，我说小刚会来找你的。我这样说对吗？"

"我去找陈老师承认错误……"说到这，小刚的眼圈一下子红了。

小刚呼地一下站起来，立即同班主任一起去陈老师家。

师生二人踏着深秋的月光来到陈老师家。小刚轻轻地推开房门。发现陈老师正一边熬药，一边备课。顿时一股热流涌上心头，他一步跨进简陋的小屋，叫了一声："陈老师！"两双手紧紧地握在了一起……

上面这个例子值得班主任和其他教师好好体会。

没有尊卑，只有平等

受传统"师道尊严"思想的影响，有些教师"高高在上"，时不时摆出"为师"的架子，这看似威严，实则有损于教师威信。新时期的教师，应该摆脱传统思想中不良成分的束缚和影响，建立平等、和谐的师生关系。这样，教师的威信才会越来越高。我们不妨一起来看下面这个案例：

说了很多次，但我们班的同学总是改变不了做事马马虎虎的毛病，值日时将扫除工具随手乱丢。为此，我专门召开了以爱护公物为主题的班会。在班会上，同学们也表示"爱护公物、不随意乱丢公物"，我也一再强调爱护公物、不随意乱丢公物，以加深他们的印象。可是晚上放学时，我就在班上的卫生担当区内拾到一个被丢弃的簸箕和一把扫把，仔细一看，竟然有五年级一班的"记号"。顿时，一股怒火窜上脑门：好啊，简直把我的话当成耳旁风了！为了维护教师的尊严，我决定明天给他们点"颜色"看看。于是，我把扫把和簸箕拿到了办公室。

第二天早上，我迫不及待地来到了班级，假装要拿扫把扫地的样子。"唉，我们班怎么缺了一把扫把？""值日组长，我们班怎么缺了一把扫把？"值日组长在班内找了一会儿没找到。我大声说："昨天班会上我讲了什么？扫把到底放哪了？"他无言以对。

"去找！"我大喝一声，手指着教室外，"马上出去找。"他出去转了一圈——当然找不到，又胆怯地回到了我面前，小声说："老师，我买去，我赔，行吗？"

"不行！"我说："就要原来的那把，我要治一治你们这种坏习惯。

下午，上课铃刚响，他拿着一把扫把跑到我面前："找到了，老师。"

我一看，确实是学校统一发放的那种扫把，马上意识到其中有假。心想："竟敢这么骗我，太不尊重我了。我可是你的老师啊！"我问："你从哪里弄来的？别以为我不知道，说！"

他的眼泪吧嗒吧嗒地掉了下来，一边哭，一边说："怕您不让我进教室上课，只好偷了别班的簸箕和扫把。"

他这么一回答，好像从头上泼下一盆冷水，浇灭了我的怒火，也让我彻底冷静了下来。我本想让他改正错误，却逼得他犯了更大的错误。我突然意识到自己犯了一个多么大的错误！我是多么残忍啊！为了我那点尊严与威信，竟如此无理地对待一个学生。我想象得出，他是经过怎样的煎熬才做出了这样的选择！于是，我决定做深刻的自我批评。

下午的自习课上，我首先向学生说明了事情的原委："同学们，今天老师犯了一个很大的错误，表面上是为了惩罚值日生乱丢班级公物的不良行为，实际上是为了维护我的尊严而导致某某同学犯了错误，我郑重地向同学们道歉！"说完，我深深地向值日组长鞠了一躬。我亲眼看到：学生的眼神由惊诧变成敬佩，随后班内响起了雷鸣般的掌声。这时，值日组长也激动地站起来向大家承认了错误："老师、同学们，是我不好，昨天把扫把忘在了咱们班的卫生担当区了，今后一定改正！"并且主动把那把偷来的扫把物归原主。

对犯错误的同学给予一定的惩罚，这是教育方式的一种。但是，处罚仅仅是一种手段，教育才是目的。因此，教师在处罚学生时，首先要考虑是否有利于学生改正错误，是否给学生改过的机会，还要与学生换位，想一想他们的感受，弄清事情的原委之后，再选择恰当的方法来教育。这样有助于平等的师生关系的形成，更有利于教师威信的提升。切不可罚不择法、罚而无度、以罚代教，更不能因自己的私念和维护自己的师道尊严而肆意妄为。上述案例中，教师的责任心与学生的疏忽发生了碰撞，结果在"师道尊严"思想的影响下，教师实施了错误的惩罚，竟导致学生做了错事。这是教师工作中的一大失误。值得庆幸的是，这位教师即刻认识到了问题的严重性，并及时采取措施挽回了不良影响，重新获得了学生的拥戴。教师能够通过反思，把自我批评亮相于学生的面前，这是师生平等的具体体现，是开展民主教学的前提，是素质教育的成功。

师生关系是影响教育教学效果的关键。科学的学生观、教师观和科学的发展观要求教师建立和谐、平等的师生关系。在课堂上要求教师的角色由"主宰者"转变成引导者，引导学生自主、合作、探究、创新地去学习。教师要把自己当听众。当成一个讨论者、合作者。但是，由于传统的教育观念很难一下子从教师的头脑中去除，所以使教师和学生在人格和教学中的地位上达到真正的平等是一件很困难的事。因此，需要每一位教师从分析传统的师生关系存在的弊端人手来改变自己的教育教学观念，进一步明确平等的师生关系的重要意义、内涵及怎样建立平等的师生关系，为建立真正平等的师生关系奠定坚实的基础。

一、分析传统的师生关系存在的弊端，改变自己的教育教学观念

几千年来，受封建文化中"师道尊严"等思想的影响，旧的师生关系依然存在，且有它的顽固性，其主要表现为"一压、二包、三放弃"。

1."一压"指压学生

在教学上，用脱离实际的高要求、超负荷的作业量，使学生睡眠时间不足，为分数奔命，心理压力巨大；在管理上，我说你听，我管你服，教师的话学生就要一一照做，学生稍有意见或不从，便会受到讽刺挖苦，甚至体罚或变相体罚。

2."二包"指教师包讲、包办

在教学上，教师一言堂、满堂灌，一节课讲得"风雨不透"，丝毫不给学生活动的空间，然后一个生字让学生十遍八遍地写，一篇文章让学生无数次地读，其结果是教师累得筋疲力尽，学生练得苦不堪言，还收效甚微。在管理上，教师越俎代庖，事无巨细，一切包办，体现不出教师的主导作用和学生的主体作用。

3."三放弃"指教师对难管的学生进行放弃

教师对分数低、不听话的学生采取放弃的态度。教师对成绩差的学生不是积极帮助其寻找原因，采取结对子等措施弥补不足，而是对其放

任自流；对"不听话"的学生不认真调查研究，分析其在心理上、思想上存在的问题，并加以正确引导，而是采取惩罚、侮辱等手段打击学生，挫伤学生改正错误、求实上进的积极性；不能积极帮助学生改正缺点，激发其积极参与班级事务管理和参加各项活动的积极性，而是不断排挤、讽刺、挖苦，其结果是学生心理受到压抑，找不到在班级中的位置，于是心烦、厌学、辍学。

在这种主从型的师生关系中，一方面，负有社会责任的教师强制学生学习、掌握知识；另一方面，丧失自由、被迫学习的学生，把教师的行为看成是压制、侵犯。其结果是师生关系紧张、矛盾尖锐，酿成教育的悲剧：学生年级越高，对教师的不信任度越高；教师的威信越低。因此，教师应从素质教育对教师的要求入手，改变教育教学观念，努力建立一种平等的师生关系。

二、从"社会化"角度明确建立平等的师生关系的意义

民主平等的师生关系，不仅是社会进步的必然结果，也是教育现代化的必然要求。人们普遍同意，在普及九年义务教育后，学校在个体社会化的过程中扮演着重要角色，学生在教学活动中不仅能够获得知识技能，还在学习这些知识技能的同时潜移默化地实现着自身的社会化。教学是学校教育中最核心和基础的活动，师生关系是对学生最具影响力的人际关系，两者对学生的社会化必然会产生深刻的影响。一个学生，如果在整个受教育阶段从来没有在师生关系中体验过教师的平等对待，从来没有通过教学活动经历过民主的过程，或者始终处于尊严被漠视、权力被剥夺的处境，那么他的思维和行为将只能在服从或反抗的两极间游走，绝无机会学会以民主平等的方式为人处事。而在师生关系的建设中，显然作为成人的教师占据着主动和决定性的地位，也就是说，尽管双方平等是追求的目标，而平等能否实现却更需要教师一方的努力。在学校中，师生关系是更倾向于民主与平等，还是严格维系师道尊严，主要取决于教师而不是学生。

三、平等的师生关系的内涵

在中小学，民主平等的师生关系的内涵主要是指双方在人格和教学中地位上的平等。教师在教学活动中，不但要摆正自己的地位，即引领者、合作者、组织者，与学生在人格上形成平等的地位，而且还要把每一个学生看作是具有平等人格的人，尊重每一个学生的感受、思想和意愿，努力用开放、探索的态度来组织教学活动，力求逐步形成师生、生生间平等的互动。

四、如何建立平等的师生关系

1. 教师要摆正自己在教育教学中的位置

教师要做学生的伴游，而不仅仅是导游。所谓"伴游"，就是要自始至终参与学习的全过程，并在学习当中与学生同甘共苦；所谓"导游"，就是要指导学生学习，为学生排疑解难。因此，教师在教育教学的过程中，必须以学生为核心，"一切为了学生，为了学生的一切"。教育实际上是一个特殊的服务行业，教师要服务于学生，必须学会"蹲下来跟学生说话"，给学生当"伴游"。

2. 教师要热爱学生，要最大限度地理解、尊重、宽容、善待学生

热爱学生是师德的最起码的要求，也是重要的教育手段。一个真诚地热爱学生的教师也会得到学生的爱戴和信赖，而且学生还会把教师的爱迁移到他所教的学科上去。

英国有位科学家叫麦克劳德，小时候曾经偷偷杀死校长家的狗，这在西方国家显然是难以原谅的错误。但校长对他的惩罚是：画出狗的血液循环图和骨骼结构图。正是这个包含理解、宽容和善心的惩罚，使麦克劳德爱上了生物学，并最终因发现胰岛素在治疗糖尿病中的作用而获得诺贝尔生理学或医学奖。由此可见，有问题的学生不一定是坏学生。学生犯错误，往往不是由于品质问题，而是出于好奇或者其他心理原因。学生出了问题，教师要认真分析、正确引导，不要不分青红皂白地横加指责。实际上，很多教师都有过这样的体验：当我们依依不舍地送走了一届又一届毕业生以后，过了几年，甚至十几年、几十年，仍然记得你这位

教师的，就是当年的"问题"学生。因为你在他身上花的心血最多，这是你应得的回报。我们的学生尚未成年，还处在身心发展阶段，是非观念还没有成熟，出现一些错误，这是在所难免的。"学生看起来最不值得爱的时候，恰恰是他们最需要爱的时候"，对有问题的学生，教师应该热情地伸出双手。

3. 改变评价的方式，提倡以激励为主的评价方式

教学评价不当，否定的评价过多，这是造成师生情感障碍的主要原因。教师对学生评价的目的是为了帮助他们更好地发展，因此评价要能够增强学生的自信心、自尊心，鼓励学生不断进步。所以，教师对学生的评价应更多地关注和针对学生各方面的进步，抓住他们的闪光点；对于有问题行为的同学则引导他们从逐步延长自己犯错误的周期或错误程度的逐渐减轻中看到自己的点滴进步。

4. 教师要关注学生，走进学生的情感世界

在我们周围常常会有这样的情况：一些年轻教师，尤其是刚从师范院校毕业的青年教师，很受学生欢迎，他们的身边常常聚集着一群学生。学生有什么高兴、苦恼的事，也愿意向他们诉说。这是为什么呢？原因只有一个，就是他们没有教师的架子，学生愿意把他们当作自己的朋友，愿意向他们敞开自己的心扉。在教育教学过程中，教师和学生的地位是平等的。教师要把自己当作学生的朋友，走进学生的情感世界，去感受学生的喜怒哀乐。

五、把握沟通的最佳时机

教师在最佳时机与学生交流、沟通会使建立平等的师生关系的工作起到事半功倍的效果。学生的情感体验如何，与其需求是否得到满足有直接关系。需求得到满足时，便会产生积极的情感体验；需求得不到满足，便会产生消极的情感体验。当学生最需要爱护、理解、鼓励、安慰和引导的时候，也就是师生情感沟通的最佳时机。一般来说，当学生学习成绩有大的起伏、日常行为有显著的变化、患病、父母外出，以及家庭有较大的事件发生，如建房、乔迁、亲人病故、父母离异等时，都是与学

生沟通的最佳时机。

六、积极的倾听

课堂管理的一个重要任务就是通过师生间良好的沟通与交流，达成和保持课堂中的积极互动的效果，促进课堂活动的有效开展。平等的师生关系是师生之间交流与沟通的前提，而良好的师生沟通又是课堂管理产生效能的关键。教师停下自己正在做的事情，专心致志地倾听学生的发言，会使学生感到自己被尊重。这样，师生之间就会形成彼此信任、尊重、接纳、理解的关系。这样，任何教育活动都会使学生产生兴趣和接受。

教师只有与学生建立平等的师生关系，才能给学生营造一种良好的、舒心的学习环境，才能使学生真正体会到和自己在一起时的轻松和愉快，才能不断提高教育教学的效率和效能，也才能让自己的威信日益提升。

把握好师生平等的度

我们说，师生之间没有尊卑，只有平等，建立起了平等的师生关系，才有利于教师威信的提高。但这并不意味着师生之间有绝对的平等。教师与学生之间的平等，首先体现在他能够尊重学生，承认师生是平等的，而不是居高临下地面对学生，这基本上成为教育工作者的共识，但是师生之间的平等并不意味着自己要全部、真实地暴露，不等于在学生面前无所顾忌、完全迁就学生。从学生的角度看，学生对教师没大没小，甚至称兄道弟，也不是真正意义上的师生平等。正如学生所说："我喜欢有距离的爱。我觉得好的班主任应该是站出来有种威严感，但是和他接触，也能感受到亲和力。"

如果教师不能正确理解"师生平等"，往往会导致一些始料不及的问题。在我个人看来，教师要与学生保持适当距离，这样可以弥补个人经验的不足。与学生走得太近，很容易为学生所伤。学生一旦觉得与教师很熟，就会认为自己犯点错误也没关系，既然班主任是我的好朋友，那么他一定会给我面子，不会在班上让我出丑"。这样，一个学生的问题不处理，类似的错误便会在其他学生的身上接连出现，整个班级就会成为一盘散沙。教师也会觉得很多事情难以解决。会有一种心有余而力不足的感觉，而且自身的威信也会越来越低。

教师特别是班主任与学生之间，开始时应保持一定距离，相互适应之后再做进一步的交流。平等并不简单地表现为起点的平等，而是最终结果的平等，是一种沟通意义上的平等。

因此，应把握好与学生相处的"六步曲"。

下面是一位优秀班主任与学生相处的经历，我们以此为例来说明。

1. 学生很"怕"我，因为我很严厉，会提出各种严格的要求

很多新教师，尤其是新班主任，在刚刚走上工作岗位时，容易走向两个极端：或者是与学生完全打成一片，失去了作为一名教师应有的威

信；或者是希望学生怕自己，师生之间等级森严、水火不容，学生有错误，教师动辄训斥，久而久之，师生之间如同仇人。事实上，学生真正怕的教师并不是一般人眼中的严厉的教师，因为再严厉的教师，学生与之接触一段时间，也可以基本适应他的语速、语调、面部表情和身体动作。学生发自内心的"怕"实际上是一种敬畏，而不是屈服。

下面是一位严厉的班主任在接手一个纪律较乱的班级后处理一个突发事件的经过。

学校的教学楼后面是一个巷子，学生经常将吃剩下的早饭从楼上扔下去，极不美观、极不卫生。我发现后，开始着手处理这件事情。

开始，我找来一个学生，告诉他："我看到你今天早上吃什么了，并且楼下巷子里有同样的剩余部分，我已经清楚这是怎么一回事了。"（学生觉得有点害怕和惊愕）接着我说："好，没关系，你说还有谁扔了，我找问题更严重的，把扔食物的学生都找出来，以免学生觉得我想包庇一些同学，有失公正。"这项工作我要花很长的时间、细致地去完成。

犯错误的人员名单明确之后，我决定给他们一个比较深刻的教训。我要求所有的学生一起去打扫那个巷子，穿得光鲜靓丽的男生和女生一起来到臭不可闻的巷子，清理卫生死角。周围的教师和群众都觉得非常奇怪：为什么中午的时候有这么多衣着整洁的学生，一起在大家避之惟恐不及的臭巷子里劳动。我和他们一起动手，大家都干，这个时候尤其不能偏心，男女都一样。先捂着鼻子用扫帚扫一遍，扫不掉的用铲子慢慢弄掉，实在不行的就用手，直到弄干净为止。每个学生从巷子里出来的时候，都是灰头土脸的，身上发出一阵阵难闻的味道。学生称这是有史以来参加的最脏的一次劳动。

中午打扫完之后，我想"抚慰"一下学生，准备买点东西给他们吃。这时候我发现有些学生没什么事干，就用管子吹珍珠奶茶里的"珍珠"，其中有颗"珍珠"刚好被吹到了路边卖馒头的小贩的锅里。我先不吭声，想了想，干脆把那一笼馒头都买了下来。学生笑着问，是不是有"珍珠"的那笼馒头，我说就是的，你们吐哪锅，我就买哪锅，一人一个。那几个吹"珍珠"的学生低着头，不吭声地朝嘴巴里塞馒头。我想，类似的事情估计不会再发生了……

这样的"突发事件"应该会对我们有所启发。

2.学生有"一点喜欢"我，因为我通人情，以理服人

事情的经过是这样的，本学期初的一个下午，同学们都在安静地认真自习，只有杨军同学将头抬得很高，注视着另一个同学刘选。我轻轻地走到刘选的身边，发现他正在聚精会神地看着一首诗，我当时问了句："可以给我看看吗？"他很不情愿地将那首诗给了我，而后两位同学对视了一下，刘选便趴到了桌子上。事后他告诉我，当时自己的想法是：这下可完了，金老师一定不会放过我的。

我走到讲桌前，看了一下诗的内容："天涯何处无芳草，何必要在二班找。本来数量就不多，况且质量也不高。"想了想，没说什么，把纸条放到了衣兜里，我按兵不动，继续看学生自习。但是，刘选坐不住了，他时不时地抬起头偷偷地看看我，等待着我的批评。看了几次后，发现我无动于衷，只好一边开小差，一边写作业。

下课的铃声终于响了，我把刘选请到了无人的机房。刘选耷拉着脑袋，用眼角的余光看着我，我让他坐下，他却哭了，边哭边说："金老师，我错了，我不该写这首诗，不该在自习课上传纸条，请老师不要在班里讲这件事。"

我告诉他："如果我想把这件事情在班里讲出来，就不会把你请到这里来了。"他稍微放松了一下，会心地点了点头。"话还没有说完，你得告诉我为什么要写这首诗。老实地说，我不怪你；如果骗我，情况就另说。"

他想了想后，详细地叙述了他与班上一名女同学从友好相处到产生矛盾的经过，原来这首诗是他"失恋"后为了发泄内心的痛苦而写的。

我一时间还想不出什么好的方法来说服他，于是按照常理先疏导教育了一下他，就让他先回去了。之后，我把这首诗拿到办公室，坐着仔细考虑，如何妥善、不露痕迹地处理这件事情，毕竟他们还是一群不懂事的孩子……

第二天，我又将刘选叫到机房，拿出这首诗，对他说："金老师想和你一起将这首诗改动一下，你看怎样？"他爽快地回答"行。""老师改前两句，你改后两句。"他点头同意。第一句只需改动一个字，将"天涯何处无芳草"改为"天涯何时无芳草"，第二句改为"何必非要现在找"；紧接着他又改了后两句："本来学业就很紧，况且年龄又很小。"读着这首诗，他非常轻松地笑了。

从学生的角度出发，这样的处理过程，顾及孩子的心理特征，充满人情、以理服人，消除了学生对班主任的对立情绪和戒备心理，平复了学生内心的波澜，使他们学会了情感上的进退自如，也提升了教师的威信。

3. 学生能"接近"我，因为我给过他们帮助

我们班有一部分学生家境很不好，特别是单亲家庭比较多，有些外表看似很张扬的学生其实连学费也交不起。我通过自己的方式私下里去了解他们的情况（做到不让其他学生知道，不伤害他们的自尊心），然后尽可能地帮助他们向学校申请减免学费，将关心和帮助落到实处。

一开始的时候，学生怕我，见到我就躲，有时走在楼梯上都离我远远的。但是，经过一段时间的相处后，我觉得学生已经能渐渐地与我融洽相处了。

4. 学生"服"我，因为我对学生提出适度的要求

班主任总是会对学生提出很多的要求或者是规定。但是，说起来容易，学生却往往做不到，怎么办？说些符合实际情况的，这样

学生才会觉得确实是从他的角度出发，切实为他考虑。

学生到初三的时候，会面临一个填报志愿的问题。那时候，我的原则就是从实际情况出发，与学生促膝长谈，分析每个人的性格特点、专长、薄弱环节等，选择与之相适应的专业和学校，作为他在学校学习、奋斗的目标，并经常给他敲敲警钟，他也觉得我说的是对的，会诚心接受我的监督。

5.学生犯错会主动找我，他们知道我的眼中不能有沙子

在学生经历了由陌生到熟悉，由畏惧到喜欢的适应后，他们和班主任的交往一步步地加深，这个时候会出现两种情况：一种是随着时间的推移，学生会放松对自己的要求，有"技巧性"地犯错误。慢慢地，越来越大胆，越来越放肆。另外一种则是良性循环，学生逐渐由表面上的惧怕发展为内心的臣服，自觉地用自己所认同的教师的标准来约束自己的行为。一旦偏离这个轨道，自己会产生负罪感。

6.我是"学生的朋友"，分担他们在学习上、生活上、感情上的很多问题

开始时，学生畏惧我，随着对我了解的深入，他们逐渐认同了我，不愿离开我，我们彼此成了朋友，这是建立在长期积累的基础上的有原则性的友谊。

下课时，可以对学生的穿着来点儿表扬或者调侃："今天的衣服搭配得真不错。"学生通常会很高兴。

有的时候，学生的父母在家吵架，学生心里会很难过，第二天到校之后他们会和我聊一聊。我会先征得学生的同意，然后以一种很委婉的方式与他的父母打电话沟通。"清官难断家务事"，对调解好学生父母之间的感情问题，我心有余而力不足。所以，我的出发点就是希望他们能多考虑一些学生的感受，把学生的心理状态真实

地展现在家长面前，寻求帮助学生的最佳方式。

鲁迅先生认为，作为一名教师，必须"知道孩子的世界"。他曾经做了一个形象的比喻："要下河，最好事先学一点浮水功夫。"鲁迅在《我们现在怎样做父亲》一文中指出，要教育好孩子，"开宗第一，便是理解"，因为"孩子的世界，与成人截然不同；倘不先行理解，一味蛮做，便大碍于孩子的发达。所以一切设施，都应该以孩子为本位"。

哲学家雅斯贝尔斯认为，"教育过程首先是一个精神成长过程"。教师主要是从事以心育心、以德育德、以人格育人格的精神劳动。"精神关怀"更深刻、更准确地反映了教师教育劳动的意蕴，体现了教师以人为本的教育精神，表达了对学生的情感和态度。而正因为这些方面，使教师专业化成为一种特殊类型的专业化。了解和研究学生，做学生的良师益友，对学生充满爱心和信任，是做好教师工作的前提。如果教师处处以尊者形象出现在学生面前，学生将会对教师敬而远之。那么，即使是一个学期、一个学年，甚至是更多的时间，也难以熟悉自己的学生。更谈不上结合实际对学生进行教育了。这样，教师的威信自然可想而知。

正确对待学生意见

教师在工作中难免会出现问题、失误，这些都是很正常的，应该允许学生提意见。要认识到这既是在培养学生的民主意识、培养更多的创造型人才，也有利于树立教师威信。

孩子虽小，但他对周围的事物是有想法和看法的，对教师也一样。如果教师能够发扬民主，允许学生提意见并尊重学生的意见，师生就能真诚相处，互相谅解，建立起民主、平等、和谐、融洽的师生关系，有利于培养学生独立思考的能力和创造精神。

允许学生给教师提意见，会不会养成学生爱挑剔、不礼貌、自以为是等毛病呢？那就要看我们如何引导了。应当要求学生无论意见多么尖锐，必须通过合理的手段，诚恳、善意地向教师提出来，也应该适当地注意提意见的场合。而且应当向学生指出，一个人的意见和看法表明一个人的水平，鼓励学生提意见。

当然，教师发扬民主绝不是一切都是学生说了算，还有少数服从多数的组织原则。这一点教师应该向学生讲清楚。作为教师，对于学生的意见，合理的，应该采纳并给予鼓励；需要说明的，就要向学生解释清楚；存在问题的，可以婉转或直截了当地指出来，提高他们分析问题的能力。

学生给教师提意见会不会有损教师的威信呢？实践证明，不会。应当向学生讲明，教师不可能什么都对，也不可能什么知识都掌握。

一个学生的父母都是报社编辑，他见多识广，聪明过人，但是又傲慢又淘气。一次课上，我讲巴黎公社虽然只存在了70多天，但它毕竟是世界上第一个无产阶级政权。这个孩子举手说："我记得巴黎公社存在了80多天。"我明明知道是他记错了，但这时绝不能用讥讽和嘲笑的方法来对待他，再说这个孩子举手并很有礼貌地提出了自己的不同意见，至于提得对与错，那是另一回事。于是，我心

平气和地说："你回家再查查资料。"第二天，他在课堂上当众承认："巴黎公社是存在了 72 天，是我记错了，我回家查书了。"他说话时，态度诚恳，还有点不好意思。我却说："你对学问的研究态度是认真的，这种认真的态度很值得大家学习。"后来，他的父亲见到我说："我这个孩子很任性，但他很服你。"

实际上，让学生怕教师达不到教育孩子的目的，因为学生是压不服的。想通过"整"或"压"使学生服管的想法是教师不科学的心理需要，不是学生的心理需要。教师说的、做的要让学生服气，要做到这一点，首先要把孩子看作一个"人"，一个有头脑、有思维能力的人。

万平老师在上课时，用做菜加作料的例子给学生讲道理，讲在兴头上，顺手在黑板上写出了板书"佐料"，学生不由得互相对了对眼神，教师把"作料"错写成了"佐料"，自己还没有发现，于是一位学生就写了一张小纸条，夹在作业本里，交了上去。

第二天，一上课，教师就对同学们说："昨天我把'作料'写成了'佐料'，咱们班的李恺同学给我写了一张纸条，纠正了我的错误，我要和同学们一样，把错字改过来抄三遍。"谁知，教师因为工作忙，并没有把"作料"抄三遍，这个同学干脆又交了一张纸条，指出教师说到没做到。上第三节了，同学们一起回班，一进门就看见讲桌上有一张纸条，上面写着"作料、作料、作料"，而且是用学生字体写的，没有连笔。上课了，教师对同学们说："昨天，我答应大家要把'作料'这个词抄写三遍，可是我忘记抄了，今天我把它补上了，因为我不能失信，我得说到做到。"说完，给大家鞠了一个躬，然后把这张纸条举给同学们看，最后把它郑重地贴在了黑板的左上角。顿时，学生激动了，提意见的学生说："老师，您真伟大，您不愧是我们的好老师！"

一下课，班上一个淘气的学生大声说："老师真够意思！下次我写错了字，也抄三遍贴在黑板上。""那不把黑板贴满了？""哈哈……"

同学们笑了，教师也笑了。

教师接受了学生的意见，纠正了自己工作中的失误。学生感觉到了教师对自己的尊重，激动得直夸教师"伟大"，师生关系和谐到这个程度，是多么好的一种状态。这不仅有利于顺利地进行教育教学活动，更重要的是激励学生成长为"主人"。可见，正确对待学生的意见，在学生面前公开承认自己的失误或不足，可以起到提高教师威信的效果。

剔除"教师霸权主义"

我们来看下面这个案例：

学校少年团校要求初一年级每班推荐两名优秀学生为少年团校成员。班级学生个个都希望自己能成为第一批被吸纳入团校的成员，"僧多粥少"，两个名额怎么分配呢？我根据新学期以来学生各方面的表现，在经过深思熟虑后，打算把两个名额给小雪和小星，并做了私下告知。当小雪和小星希望填写推荐表时，为慎重起见，我说要让全班同学知道并认可这一决定。

事情还没公开，班上已传得沸沸扬扬：老师把两个名额给了小雪和小星，我们都没有指望了。

小磊到办公室说："老师，我想知道班上的两个名额您打算怎么分配？"

"经过斟酌后，我认为小雪和小星各个方面的表现都十分优秀，打算把名额给她们两人。你认同吗？"我征询小磊的意见。

小磊茫然地点点头。

"你也是很有竞争力的学生，下次再争取，好吗？"

"下次机会是什么时候？"

"大约要等到下学期了。"

"哦！……老师，再见！"

我一口气还没喘过来，小娟一阵风似的进了办公室。"老师，我想知道您把两个名额给了谁？为什么？"明显的责问。

"老师打算把名额给小雪和小星。"

"您征求过我们全班同学的意见了吗？您这样做，对吗？您知道我们会怎么想吗？"连珠炮式的发问后，她的声音哽住了。

"哦！让老师再想想。"

......

万万没有想到我的自作主张，会招来如此强烈的不满、抗议，在无奈的背后是一种深深的伤害。一天后，我向全班同学做了检讨，包括小磊和小娟，当然也包括小雪和小星。推荐活动也按照同学们民主讨论的方案有序进行。

在传统的师生关系中，教师处于绝对的权威地位，"师道尊严"在教育者的思想中是那么根深蒂固，以至他们习惯于向学生发号施令，学生只能是被动的接受者，有意见也只能保留，这就是"教师霸权主义"的表现。这种行为严重损害了教师的威信。教师自己的"霸权主义"观念指导下的行为。剥夺了很多学生通过公开、公平的竞争获取证明自己、锻炼自己、实现自我的机会，如担任班级干部、参与文体活动、参加各类竞赛、获取"三好学生"荣誉等。此外，在学校的日常管理、教师的教学行为、对学生的评价中，教师的"霸权主义"也无处不在，在它的背后不知道又有多少纯净的心灵会受到伤害。育人者无视"面向全体""以学生为本""尊重学生成长中自我实现的需要"等要求，把自己的意念强加给学生，使"建构民主、平等、和谐的师生关系"成为一句空喊的口号，结果"赢得学生的信任和尊敬"也只能是育人者的一厢情愿，教师的威信自然无从谈起。

观念是行动的灵魂。陈旧落后的师生观念必然导致"教师霸权主义"行为的泛滥。广大学生民主、平等、自主意识的觉醒，使"教师霸权主义"再也没有了市场。新课程改革必须以更新教育观念、确立先进的教育理念为首要任务。作为一线教育工作者，更新教育观念不能只停留在学习认识的层面上，更需要把"新理念"真正落实到日常的教育教学行为中去。看到育人者敢于向学生承认工作中的失误，倾听学生的心声，悉心听取学生的批评，反思自己的教育行为，及时调整工作的策略方法，这样才能树立教师应有的威信。

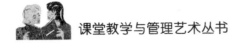

要善于"笼络人心"

一个有威信的教师，除了要勤练"内功"、具备真才实学，还要掌握必要的教育技巧。比如，要学会"笼络人心"。

我们来看下面这个案例：

> 我最近接了一个新班，这个班级很乱，原来的班主任是中途辞职走的。学校领导找我谈话，我只能仓促上任。我现在心里很急，因为我接手这个班已经有一段时间了，可是班级的面貌还是没什么起色，学生的纪律照样很差，不读书的学生有很多。我很矛盾，因为要是管他们吧，他们明显对我有逆反心理，虽然表面上不跟我对抗，但是背地里说我的坏话，我要是不管吧，领导对我又很信任，其他教师那边给我的压力也很大。我一点方向都没有。

班主任接手一个新班，第一件要做的事情是什么？不是整顿班级面貌，也不是处理有问题的学生，而是想办法和学生处理好关系，尽可能"笼络人心"，让他们接受你、喜欢你、尊重你、爱戴你。和学生的关系搞好了，后面的工作想不顺利也难。对于学生的逆反情绪，班主任一定不能心急，要通过各种工作让学生理解自己、接纳自己。

我们学校曾经有一位班主任工作不是很出色，班级有些混乱，学校决定在学年结束后换班主任。不料这个班的学生知道之后联合起来对抗学校，不同意由新的班主任带班，因为原来的班主任管理比较松，而新的班主任比较严格。后来，学校做了大量工作，仍然坚持原来的安排。新的班主任龙老师上任之前找到我，问我有什么建议。我说："这个班的学生现在对你有些敌意，因此你接班之后，一定要避免批评他们，哪怕他们的确表现很糟，你都要忍住。你现在最重要的事情就是四个字——收买人心。"

龙老师果然按照我的建议去做了。两个星期之后，我再次见到他，问他情况如何，他说："学生在宿舍里议论，'龙老师不像传说中的那样严格，是很好的一个人'。"我说："好，你成功了一大半，继续努力！"一个月之后，龙老师召开了班级学生的家长会，会上绝大部分家长都表示了对他的初步认可。家长会后，他对全班同学说，如果这次班级期中考试的成绩比上学期有进步，他就利用周末组织全班同学外出游玩。学生很振奋，期中考试果然取得了非常出色的成绩，全班快快乐乐外出游玩了一次，这个班级从此走上了正常轨道。

　　由此可见，只要跟学生感情融洽了，一切都不是问题。当然，对于不同的学生，笼络人心的方法也不同。但是，小学生也好，中学生也好，都是感情的动物，而不是理智的动物。他们常常知道什么是对的，但是支配他们行为的，更多的是情感的因素。因为喜欢一位教师而喜欢这门学科；因为敬服一位班主任而好好读书；因为被一位教师感动而从此改邪归正……这样的例子不胜枚举，班主任如果懂得这个道理，就不会出现因学生的逆反生气而导致师生对立的情形。

　　笼络学生的方法很多，大体有以下几种：

　　（1）在学生无助的时候多关心。学生生病回家了、住院了，班主任一定要亲自去探望，再忙也得去；学生和他人闹矛盾了，心中苦恼，班主任要及时帮其排解；学生成绩下降，心中着急，班主任要及时帮他分析原因，并且设法帮他提高成绩。

　　（2）多表扬少批评。任何人面对批评的反应总是抗拒的，听到表扬总是开心的。班主任经常当众表扬学生可以赢得学生的喜爱，对于犯错误的学生宜私下婉转批评，在批评的时候一定要注意照顾学生的面子。

　　（3）树立自身威信。有人格魅力的教师自然让学生敬服。教师如何树立威信？李镇西说，上好课、不拖堂就行了。这话很有道理。通常来说，教师有良好的身教，做事公正公平，一定会赢得学生之心。

　　（4）多关注学生个体。人人都有被关注的需要，教师能记住学生的生日、说出学生曾经取得的每一个进步，都会让学生感动。学生觉得某个教师是真心对他好的，自然也会亲近这位教师。

（5）增强集体凝聚力。一个有凝聚力的班级，班主任自然深得人心。班主任要积极参加学生的各种活动，尤其是各类比赛，在师生共同努力取得成功之后，那种师生间的感情，别提多浓了。

（6）偶尔也可以学一学历史，借鉴一下"曹操赤脚迎许攸""刘备假意摔阿斗"的做法，也会产生不错的效果。

总之，善于笼络人心，对教师树立威信有益无害。

学会与学生促膝谈心

谈心是班主任帮助学生消除心理障碍、解决思想问题的一个重要方法。成功的谈心，有助于班主任提高在学生中的威信。因此，教师或班主任须慎重地对待谈心。

通过长期的班主任工作实践，我觉得谈心成功的关键在于班主任能根据学生的心理特点，启迪学生的觉悟，激发学生内在的积极性。

首先，谈心时要选择一个合适的地点，以便为学生创造一个有利于消除心理障碍和促使其思想转变的合适环境。我们常在教室附近与学生谈心，这种谈话是在众目睽睽之下进行的，因此谈话的内容对其他同学应没有隐瞒的必要。例如，期中考试后，为帮助同学分析情况、总结成绩和提出问题而进行的大面积谈话就属于这一类。有时，谈心的目的不仅是教育一个同学，还要教育其他同学，而且问题比较简单的，像学生经常迟到等，也可以当着其他同学的面，将其叫出，在教室附近交谈。如果要解决一些需要保密的个别问题，或利用谈心了解情况，则可以在课余与学生相遇时边走边谈。这样，在旁人看来像是闲聊，无法猜测谈话的内容。而要处理比较严重的思想问题，如有的学生对教师不尊重，上课时故意戏弄教师等，就必须在办公室里坐下来谈，以便提供较长的时间和形成较为严肃的气氛。有时，教师没有做好准备，谈心更不宜当众进行。

有一年，我担任班主任的高一年级二班刚选出了班干部，第一次开班干部会议时，一名学生就提出："进入高中后，不愿再当班干部了。"他的态度使我和在场的同学都感到愕然，而当众做他的思想工作不一定奏效，弄不好还会产生副作用。因此，我说："对 ×××

的态度，我感到很意外，可能有什么情况，让我再了解一下，同时请他也再考虑一下，我们以后再谈，会议继续进行。"事后，通过谈心解决了他的思想问题，他担任了班级主要干部，工作很努力，教师的教育作用得到了体现，其他学生也受到了教育。

高中学生比较敏感，思想单纯，敢想、敢说、敢做、敢为，但容易偏激，容易摇摆，思维的片面性较大。他们很热情，也重感情，他们往往过高地要求别人理解自己，受不得半点"委屈"。因此，在谈心前，教师一定要做好准备，首先要了解情况，实事求是，不能道听途说，知道一星半点就下结论。在谈心的过程中，还要不断了解情况，防止主观臆断。切忌乱训一气，更不能为维护自己的威信而发脾气。另外，在谈心前教师要心中有数，对于通过谈心要了解什么、解决什么问题、达到什么目的，思路要明确，而不应该谈到哪里就哪里，更不能东扯西拉，使学生感到茫然。如遇了解的情况与事实不符或是自己的观点有必要重新考虑时，谈话应停止，等核实情况后再继续。

有一年开学报到时，我请几位同学帮我一起收费开收据，最后结账时，少了64元，我仔细分析了一下，差错一定发生在交费最拥挤的时候。根据开出的收据，又请在场的同学进行回忆，很快找出了怀疑对象，在找她谈心前，我分析了情况，觉得这不能作为这个学生的思想问题来谈，是我们工作上的忙乱，使她产生了一闪念的错误想法，应该鼓励她改正错误。因此，在谈心时，我将这作为基本观点，把了解调查的情况告诉了她，又诚恳地指出，每个人都可能有一闪念的错误，只要及时改正就好。使这位同学既感到了压力，又感到了教师的理解。第二天，她就交出了64元钱。

班级中，几十名学生来自不同的家庭，由于遗传、素质、环境、教育的不同，形成了他们不同的气质个性。谈心要取得成功，还必须根据学生不同的个性特点进行。在谈心时，性格内向的学生往往沉默不语，但不一定不接受你的意见，此时不要硬逼他口头表态，以免形成谈话的障碍，可以让他考虑一段时间，有些小问题，还允许他保留看法，但要求他在行动上服从整体。对于性格外向的学生，不能轻易相信他口头上说的，他过早地表态，并不说明他对问题已认识清楚。因此，即使他表了态，也要把问题分析清楚。例如，说："你的态度很好，不知现在你和我的看法是否相同，我的看法是……"，或者让他再谈谈原来的想法和现在的想法。

有些学生对教师的评价特别敏感，在谈心时态度要和蔼，要注意遣词用语，不要把话说过头，为了减少这些学生思想上的压力，还可以先谈成绩优点，甚至可在谈话中帮助他整理整理衣领等，用一些亲切的动作，消除他的心理障碍，把精力集中到所谈的问题上。

有些学生素质较差，对教师的批评感到无所谓，对自己的问题轻描淡写，班主任在谈心前要做好充分的准备，做到有理有据，谈话要十分严肃。

班内一干部在分发电影票时，将位置好的票挑出来分给关系好的同学。开始他认为才几张票，而且自己拿的是差的，这种小事"用不着讲"。我向他指出这实质上就是以权谋私，达到讨好一些同学的目的，还是为了自己。接着我告诉他，为这件事，班级里三分之一的同学在周记上提出了意见，有的同学还反映他经常把班级里的报纸占为己有，分配劳动任务严重不公等。使他感到了问题的严重性，我向他指出，如果自己不认真对待，同学不会谅解他。最后，他提出要通过黑板报向同学道歉。

对性格急躁的学生，要以柔克刚。在提出问题后，可以让他先说，你不动声色，让他说完后再谈，这些学生情绪容易偏激，对他过激的言词不应计较，如形成僵局，可停止谈心，让他考虑一下，以后再谈。而有些学生对自己要求严格，则"响鼓不用重槌"，在谈心时为表示对他的高度信任，问题点到就好，不宜多讲。有时，还可以从相反的角度来谈，如说："我知道你很难过，事情已经过去了，认识清楚，吸取教训就好了。"

学生十分在意班主任对自己的态度，他们的想法在很大程度上以教师对自己的情感流露和情绪反应为转移，在谈心时，如果教师给学生以热情关怀，让学生切实感到教师对他的爱，那么学生就容易接受教师对他的教育；反之，在谈心中，如果教师流露出对学生讨厌的感情，则会严重挫伤学生，使学生产生抵触情绪。因此，在谈心时教师一定要尊重、爱护学生。较长时间的谈心，切忌教师坐着，学生站着，使学生心理受到压抑。千万不能用侮辱、挖苦的话语，更不能揭发学生的隐私。例如："我已经了解了，你初中留过级""班级里有你这样的学生，真是倒霉"。对学生要一视同仁，不要将不同的学生进行对照。例如，说："同样一个老师教，为什么×××每次考试都在90分以上，你却只考……"总之，不能一味地埋怨学生，要让学生看到希望，树立信心。

班主任在与学生谈心的过程中，学生的心理状态也在不断发生变化。因此，必须密切观察学生的表情，了解学生的反应。要善于抓住谈话中最为学生所接受的一点，将这作为转化的关键，因势利导。例如，××同学因一些小事与同桌闹矛盾，要求调座位。我说："你们没有原则分歧，对于一些小事应多做自我批评，同学之间要相互帮助。因这种原因调座位，影响不好……""给你调个位置很容易，但你与同桌的同学因一点小事就处不好关系，将来到社会上怎么办？"我抓住时机接着说："将来踏上工作岗位后，总不能动不动就调动工作吧，与人相处中也有一种能力，你现在不应回避矛盾……"听完，他欣然同意不调座位，以后与同学关系也改善了。

有些问题，靠一次谈心是不能解决问题的，要做有心人，抓住时机，反反复复地做工作。一学生与继父的关系很紧张，母亲要求教师帮助做工作。第一次谈心时，学生很激动，举了许多例子，说父亲对他看不顺眼，常有意找碴儿，最终使谈心根本无法进行。后来，我了解到他弟弟是继父生的。再与他谈心时我问他："你父亲对弟弟态度怎样？"他说："一样的。"我接着说："看来，你父亲的脾气比较急躁，态度比较生硬，这是性格问题，你要多谅解，不要对父亲有成见。"学生似有所悟，后来他报名参加了摄影小组，父亲给他买了一个照相机，我知道后对他说："看来你父亲对你还不错。"他笑了。

中小学生还很稚嫩，自持力、毅力还不够，因此我觉得谈心后还要做大量的工作。检查谈心的效果应是一个重要环节。检查的方法：可以观察学生的行动，向周围同学了解情况，也可以进行第二次谈心，再听听学生谈心后的想法。还要帮助学生创造条件，以便他能在认识清楚的基础上行动起来。一学生在宿舍里对集体不关心，做值日马虎，同学意见很大。谈心后他有了改正的想法，接着我与他宿舍的室长商定，给他安排一定的任务，并加强督促、鼓励，对他提出了适当的要求，使他觉得有改正的机会。这使谈心不只停留在师生思想认识上的统一，而且迅速成为学生行动的动力。

总之，教育学生是一项十分艰苦细致的工作，与学生谈心更是一项复杂的工作。但是，这是对学生进行心理疏导和做学生思想工作的重要手段，也是教师树立威信的重要手段。下面的谈心方法值得班主任和教师在实践中参考。

一、激励法

所谓激励法，就是在谈话中要善于发现和肯定学生的长处，从而培养学生的自尊心和自信心，调动学生的积极性，激励他们向新的目标前进的谈话方法。这个方法特别适用于班上那些学习成绩较差的同学。这种学生往往较胆怯，易自卑，所以在谈心中不宜刺激他们，而应想方设法加以鼓励。例如：

　　我班里有个学生，由于学习较差，总有点自惭形秽，整天蔫蔫的，抬不起头来，更谈不上主动为集体做点什么事了。我全面分析了这个学生的情况，并了解到她唱歌不错这一特长，于是我找她谈话便从唱歌入手，她话便多了起来。我鼓励她要努力发挥自己的特长，在学校组织的红五月歌咏比赛中让她领唱。这样，她在学生中开始产生了影响，精神也逐渐变得开朗了。再经过几次谈话，她逐渐变了，自信心增强了，学习也努力了。在高三文科班第一次期中考试时，她的名次在七十人的大班中排在第九名。

二、抑扬法

抑扬法是为了平衡被批评者心理状态采取的一种谈心方法。

有先扬后抑法和先抑后扬法两种。先扬后抑法就是对被批评者先谈他的长处，然后再批评他的短处。这种方法对那些与教师关系比较紧张、对教师比较生疏甚至有些抵触的学生最适用。他们最怕教师有偏见。你一旦肯定了他的某些长处，他的心理就会得到一些满足，你的批评他也就能听进去了。

先抑后扬法就是开门见山，直截了当地指出不足，进行批评，然后再帮他分析有利因素和自身优势。这种方法适用于与教师关系较好的、心胸比较豁达的学生。

抑扬法也就是两点论，一分为二地看问题，这样的谈话能心平气和地分析问题、解决问题。例如，一次我们班与其他班级比赛足球，我们班的一个学生与其他班的学生发生了口角，继而动了手，事后受到领导的严厉批评，这个学生不服气，因为他也有道理，又为了集体荣誉，觉得委屈。我找到他，首先肯定了他有道理的地方，同时指出了他做法上的错误。这样谈，他心服口服，问题也就解决了。

三、主客法

主客法就是在和学生谈话时，要注意选择环境地点，也就是要选择那些适宜说服人的环境地点。著名心理学家拉尔夫曾经做了一个试验：把一群学生按支配能力，即影响别人的能力，分成上、中、下三等，然后每等各取一部分组成一个小组，小组中的一半安排在支配能力高的学生寝室里，一半安排在支配能力低的学生寝室里。拉尔夫发现，讨论的结果总是按照寝室主人的意见行事，即使主人是低支配能力的学生。由此可见，环境是何等重要。教师谈话也要善于利用这种环境优势来说服学生。所以，我与学生谈话时，就把学生请到家里来，充分利用居家优势。这样做，往往能收到不错的效果。

四、间接法

一般说来，谈话都是师生间的直接交谈，但有时也可以间接地进行，找一个学生最信任的同学或教师去跟他谈，这样也可收到奇效。心理学家哈斯说过一段非常有道理的话："一个造酒厂的老板可以告诉你一种啤酒比另一种好，但你的朋友，不管是知识渊博的，还是学识疏浅的，却可能对你选择哪一种啤酒具有更大的影响。"这就是人都具有相信"自己人"的潜在心理。

有一次，班上要组织报名参加运动会，一个运动员扬言他不报名，怕耽误学习。听到这个情况后，我有意识地通过他的一个好朋友去做他的动员工作，果然他报了名，而且取得了较好的成绩，为集体争取了荣誉。

五、缓冲法

有时，与学生谈话会遇到困难，这时我不靠班主任的权威强加于人，而是做适当的让步，说一些诸如"我理解，我在你这么大时也……"或"也许我处在你那样的情况下，也会冷静不下来，甚至不如你……"之类的话。设身处地为学生着想，这样你尊重了学生的感情，学生也会尊重你的谈话。让一步是为了进两步，是为了解决问题。如果这样还不行，谈话越来越激烈，这时就不要急于求成，缓和一下气氛，转移一下话题，找个台阶下，暂时停下来，找机会再说。我曾就一个比较棘手的问题，找一个学生谈了三个晚上，才算解决了问题。

六、暗示法

对于学生的问题，回避不得。班主任要正确对待、正确处理。不能不分场合地公开学生的秘密。教师要选择适当的时机，用暗示的方法，在不伤害学生感情的前提下，引导学生。

七、反复法

思想工作要反复做，甚至是不厌其烦地做。我的班上有个十四岁的男生，按正常年龄来讲，他应该念初二。在十六七岁的高中生中间，他处处像个孩子，不懂规矩，不能约束自己。对这样的学生，我采取的方法是，每次谈话时间不长，但次数较多，谈一次解决一个问题，不怕他反复，在反复中发现他的进步，边批评边鼓励。两年来，我与他进行了三十几次谈话，终于使他有了明显的进步，自制能力也大大提高了。

八、自责法

所谓自责法，就是教师在失误时，要勇于向自己的教育对象承认错误，进行自我批评。教师非圣人，在工作中出现偏差是难免的。关键是在出偏差后，万不可自以为是，否则将会处于被动地位，失去学生的信任。例如，在一次晨检中一个学生迟到了，正值学校进行纪律教育，于是我在班上批评了他，并说他"无组织、无纪律、自由散漫"。后来，这个学生找到了我，委屈地说，早上他打针去了，不愿耽误上课时间。了解到真相后，我做了自我批评，并在班上做了说明，挽回了影响。学生颇受感动。所以，在与学生谈话时，自责亦很重要。

掌握师生沟通的技巧

沟通，对于师生交往来说，是必不可少的。顺畅而有效的师生沟通，能帮助教师更好更快地在学生中树立威信。

我们说的沟通是心灵上的沟通。能不能做到这一点，陶行知先生是这样告诫我们的："我们必须会变小孩子，才配做小孩子的先生。"也就是说，我们要和孩子有一样的想法、看法，有和孩子一样的喜怒哀乐，和孩子有心与心的交流，这才是心灵上的沟通。只有这样，你才懂得孩子为什么事情而激动，为什么事情而苦恼，为什么事情而兴奋不已，为什么事情而废寝忘食。同时，也会发现他们的创造力是多么的出乎你的意料，他们的内心世界是多么的丰富多彩，他们的思想感情是多么的真挚赤诚，他们的兴趣是多么的广泛，他们对自己的爱好是多么的痴迷……当我们真的用心置身于孩子中间时，连我们自己也变得纯真起来。只有在这种情况下，我们才可能与孩子有共同语言，我们实施的教育才可能发挥作用。

沟通的方法之一是以朋友似的平等身份与孩子聊天。

我时常跟学生聊天，一天上操前，我对一个淘气的学生开玩笑说："这几天，你怎么变得这么老实了？"他一听，立刻微笑着做了一个很绅士的动作，微微弓下身，把右手放在胸前，说道："承蒙您夸奖，鄙人不胜感激，您多多栽培！"我听后哈哈大笑，说："你才四年级，说话竟出口成章，这么振振有词，少见，少见哪！"我们谈得十分投机，招来许多同学一起聊。这样的聊天，学生觉得对他们是一种尊重，客观上也起到了增进师生感情的作用。聊天时教师不会有课堂上的威严，学生在和教师亲密的交谈中能够说出自己的心里话，敢于提出自己的要求，谈出自己的看法。教师也能够从学生的话中了解许多情况，使自己的工作更加有的放矢。经常和学生在一起，就会理解学生，遇事也不会大惊小怪。一天中午吃饭时，一个学生吃完了，说了句："土耳其浴池。"话音刚落，三个正在吃饭的学生不约而同地唱起来："鸳鸯茶呀，鸳鸯茶呀，你爱我呀，我爱你呀……"开始我一愣，莫名其妙，怎么回事？再一想，噢，这是《虎口脱险》电影中对暗号的情节，也就不以为然了，平静地告诉他们："接着吃饭！"三个人又马上埋头吃了起来。如果不理解学生，就会认为他们不正常或者是在恶作剧。

要想做到和学生达到心灵上的沟通，很简单，就是心里有学生。我们的心里每时每刻都在期盼着学生的进步，每时每刻都在等待着学生的成功，每时每刻都在关心着学生的情绪，每时每刻都在寻找着学生的闪光点，每时每刻都在了解着学生的愿望和需求……

和学生一起活动，包括少先队活动、班级活动、课间活动等。活动前，师生一起商讨活动的设计和活动的准备；活动中，师生共同参与，一起经历活动的过程；活动后，共同总结活动的收获，分享活动的欢乐。这是学生终生难忘的。学生在活动中能够显示出个人的智慧与才能，在活动中，教师特别能够起到指导者的作用，得到学生的信服和喜爱。

如果教师有和学生沟通的愿望，就会创造出无数的与学生沟通的渠道和方法。我和学生进行沟通的方式是多种多样的。比如，通过学生记分册上的评语，通过学生作文和日记里的批语，通过学生自制的个人"闪光卡"上写的"老师眼里的我"的栏目，特别是我和学生互赠的新年贺卡与生日贺卡及毕业留言等，都成为我们师生之间、同学之间进行情感交流、心灵沟通的很重要的方式了。就是对待一年级的学生，我也是非常认真的。

有一次，我请一年级的学生家长来班里听课。一位家长看到自己的孩子在班上做题虽然很慢，但教师也一直耐心地等着他做完，再进入下一个教学步骤。这位家长很受感动。第二天他让学生给我带来一封信，在学生写作业的时候，我打开信来看，当我看见他写道"您真不愧是一名共产党员"时，马上解释说："你爸爸误会了，我还不是共产党员。"学生一听我还不是党员，都惊讶而失望地说："哟——您不是啊！"接着，就有学生举手，对我说："您写入党申请书了吗？"我说："写了。"她认真地又加了一句："您最好再写一份交上去，万一人家忘了呢！"我说："党组织不会忘记的。不过，为了表示我的决心，可以再写一份。"另一个学生说："您要严格要求自己。"我听后，觉得这是学生对我的真诚关心和帮助，所以我认真地告诉他们："我是在严格要求自己，我在努力工作，用实际行动争取入党。你们看，教室前边的'好好学习，天天向上'的大字，是我在这个星期日来学校加班剪的，我不但给咱们班剪了，还给别的班也剪出来了。你们看，我的手指都被剪子磨出泡来了。"学生听后，不约而同地鼓起掌来。他们要求我什么时候入党了，一定把喜讯告诉他们。我答应了。不久，我入党的愿望实现了。我也守信用地告诉了他们。他们欢呼、鼓掌，说："祝贺老师！"紧接着还说："您要再接再厉，戒骄戒躁，争取更大的进步！"我发自内心地说："谢谢！谢谢大家对我的关心和鼓励，我一定记住大家的话，好好工作，不断进步，争取做一个好教师，争取做一名优秀党员。"我感到，我和学生真的像朋友一样，我们互相为对方的进步而高兴，我们互相真诚地关心着对方。我也从这些真挚的关心中获得了幸福和温暖，从中汲取了智慧和力量，当然也树立起了自己的威信。

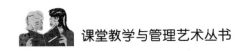

"民主"与"专制"相得益彰

一个有威信的教师理应是一个具有"民主"精神的教师，一个有威信的班主任理应是一个有"民主管理"思想的班主任。民主，是我们这个时代的特征和社会发展的潮流。

但是，光有民主是不够的，一个教师要想树立和提高自己的威信。就必须"两手抓"，让"民主"和"专制"相得益彰。

我们来看下面这个案例：

在高中担任班主任，常会遇到这样一些问题：学生似乎不像初中生和小学生那样买教师的账，他们不再随意表态同意教师"为你好"的说法，一项在班主任看来是有益的举措往往在班级执行不下去，为班级辛苦操劳的教师常常收到学生负面的评价……这些问题给班主任工作的顺利开展带来了很多困难，很多班主任在班级管理中往往陷于"硬也不是，软也不是"的两难境地。

究其原因，在于学生的价值标准是多元的，教师的价值标准是单一的。于是，对教师而言，在班级管理中就牵涉怎样处理"宽"和"严"之间的关系问题，也就是"民主"与"专制"之间的关系问题。

当代学生大体上没有受到良好的民主教育，故大多缺乏真正的民主精神。在他们的成长过程中，家庭教育大多走过了一条曲线：幼儿期放任自流，童年和少年前期严加管束，少年后期和青年初期软硬兼施或放任自流；学校教育表现为小学、初中阶段采取强制教育，高中阶段采取淘汰教育。

那么，他们所受的教育是专制的吗？有一点。幼儿期放任自流的家庭教育造成了孩子规则意识的缺失，也造成了孩子是非观念的缺失。小学和初中阶段严加管制的家庭和学校教育，由于很少有一套具体、细致的规则体系和育人目标，造成了学生与家长和教师之间的矛盾。他们沉浸在对幼儿期"美好"经历的回忆中：学生说我的童年是多么快乐、自由；家长说我们的孩子小时候是多么可爱；教师说这些学生小时候一定不是这样。"严"字当头的家长和教师渐渐发觉，随着学生一天天长大，"严"已经不管用了，学生已经"压"不住了，但是好在学生也初中毕业了，到了高中，也该懂事了，就不用家长和教师操那么多的心了。

可是高中教师却叹息：现在的高中生素质真是差，不会学习，不会劳动，不会感恩，不会自制，甚至不会玩耍。高中生怎么评价自己呢？大致描述如下：我已经长大了，不要再拿管小学生的一套来管我，该怎么做我心里有数。你们的教育不就是要我多考几分吗？我只要好好学习，一定能满足你们的要求；我怎么处处不如别人啊，学习不好，长得也这么难看；我虽然学习不好，但是我在班级的人缘还是很好的；我将来是要上大学的，现在不能这么浪费时间……显然，学生和教师之间存在着认识上的鸿沟。

民主意识较强的教师从尊重学生个性出发，在班级管理中充分听取学生的意见，对于违反校纪校规的学生，倾听他们的解释，相信他们的陈述；对学生关于教师的负面评价，采取有则改之、无则加勉的原则；尊重学生，反对有事就找家长的做法；对学生采取赏识教育，批评学生也一定是和风细雨式的，绝不用有伤学生自尊心的语言；在学生与其他教师发生争执的时候，尽量做到一分为二、不偏不倚；在与学生的交往中总是平等对话，绝不把自己的意志强加给学生……这样的教师管理班级会出现什么样的结果呢？一言以蔽之：把学生"尊重"得不成样子了。纪律涣散，环境混乱，人心不齐，是这种所谓"民主治班"的必然结果；管理不力，性格软弱，效果太差，不堪重任，是学生对这种教师的总体评价；讨好学生，迁就学生，不善治班，没有作为，是其他教师和学校对这类班主任的总体印象。这样的教师岂有丝毫威信可言。

种种情况表明，教师在行使国家赋予的教育权力的时候最常用的手段应该是"专制"而不是"民主"。但是，这里的"专制"之所以被加上引号，是因为它不是传统意义上的"家天下""一言堂"式的专制，而是在民主精神光辉照耀下的"专制"。"专制"的产品恰恰是"民主"而不是奴性，这需要教师首先是有民主思想的教师，是对自己从事的教育事业和自己的教育教学手段充满自信和智慧的教师。

第一，作为班主任，我们应该充分认识到学生的散漫、懒惰和拒绝管束不是出于对自由和民主的追求，而是意志薄弱、没有理想、自私自利、缺乏规则意识和责任心的表现。他们没有认识到自由是规则范围内的自由，民主是为大多数人也是为自己谋福利的民主。孔子倡导"己所不欲，勿施于人"，现代社会更应该倡导"己所欲"也未必就可以"施于人"。当我们向学生传授这些做人理念的时候，可以适当采取"专制"的手段。

第二，我们应该充分认识到每一个学生从他们的切身利益出发，是需要管束、渴望管束的。他们正处在成长的关键时期，他们自知会经常说错话、做错事、走弯路，甚至会犯不能原谅的错误，因此他们的内心是需要有人理解、有人提醒的，他们渴望有人拉一把、扶一下，特别是在迷惘或困惑的时候，有人能给他们指明方向。如果没有别人的约束和管教，他们深知自己是长不大、走不好的。

第三，我们必须坚信强力的教育能够产生强力的效果。教育不是万能的，但是没有教育是万万不能的。"严师出高徒"的古训在当今社会里仍然有着不可估量的价值。很多时候只要我们再坚持一下，学生就会跟我们走。

第四，我们应该在行使班主任权力的时候，明确地认识到要捍卫教育的尊严。教育是有尊严的，规则也是有尊严的。

第五，班主任的民主精神应该体现为公平与公正。所谓公平，就是班主任的教育应该面向全体学生，为全体学生服务；就是班主任对学生的处理应该合乎规则，在规则面前一视同仁地对待学生。所谓公正，就是班主任的工作应该遵循在对集体有利的基础上对个人有利的原则；应该对所有的学生不抱成见，一分为二地看待每一个学生。

第六，班主任的民主精神应该体现为明了每一个学生个性的客观发展要求，帮助每一个学生进步。每一个人都是一个生动活泼的个体，因此每一个人都有其长处和短处。了解学生的特长，为学生发扬特长出谋划策、提供有利条件，是班主任的分内之事。

第七，班主任的民主精神应该体现为班级所有的规章制度都要遵循"从学生中来，到学生中去"的原则。根据班级实际情况，在倾听大多数学生呼声的基础上制订规则，就是"从学生中来"；通过民主选举，推选出班干部，充分依靠大多数学生保证规则的约束力，就是"到学生中去"。

第八，班主任的民主精神应该体现为以身作则。身教重于言教，不以权威自居，常做自我批评，恪守诺言，谨慎行事……凡此种种，都会对学生产生潜移默化的有益影响。

总之，在班级管理中，平衡好发扬民主与严格管理二者间的关系，更有利于教师和班主任威信的树立和提高。

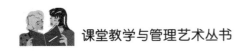

严格课堂纪律和班级守则

纪律是一种规则和规范，是学生对权利的追求和权利在课堂中的体现。

作为教师和班主任，为了树立自己的威信，就必须严格制订和执行课堂纪律与班级守则。

曾在网上读过一位班主任写的文章：

班主任的工作是在贯彻教育方针政策，更是在验证自己的教育魅力和人格魅力。有什么样的班主任就有什么样的班风和学风。人们将班主任分成这样几种类型：保姆型、朋友型、放羊型、水乳型等。而在实际管理中，大多数班主任使用的都是保姆型，将自己当作主体，将学生当作客体，干涉多、灌输多、管束多，唯恐出乱子，使学生自我表现空间狭小有限，心灵处于戒备状态。班主任天天盯着学生，什么事情都不放心，学生的自我管理能力和潜能完全被束缚、被局限，有的班级成员还成为管理的阻力，增加了管理的难度。班主任老想着法对付学生，内心又怎能不累？班主任只顾"管"而不顾"理"，没有"梳理""调理"意识，造成了管理思想和管理手段的滞后。

很多了解中小学班主任工作难处的人都说，中小学班主任是"在夹缝中生存"。很多班主任也说："我最大的愿望就是下学期不再当班主任了！"一所普通中学的教师告诉记者："这么多年的班主任，我已经当怕了，每天像上满了弦一样，再不停下来我就要崩溃了。"

超负荷工作让班主任疲于应付，不合理的教师评价体系把班主任逼上反教育的境地，学生的状况和心态又给班主任工作增加了无限的难度。上述案例给我们提出了一个这样的问题：班主任究竟怎样当？如何摆脱教师管得雷厉风行，学生却无动于衷的情况？班主任怎样从"保姆型"转变到"朋友型""水乳型"？其实，教师"管"学生，主要形式是规则与纪律管理。如果把规则纪律管理与学生的自管自律结合起来，教师就不但能从上述状态下解放出来，而且更容易树立自己的威信。

从一般意义上说，纪律是一种规则和规范。纪律依据规范所规定的标准与要求而制订，遵守纪律，可以形成规范。纪律具体体现在规则之中，执行规则就是遵守纪律。强调纪律就是强调规则、形成规范。

往深处讲，纪律是学生对权利的追求和权利在课堂中的体现。"肯定型纪律"的倡导者坎特认为，学生有权要求教师帮助他们在平静、安全的环境中学习，有权要求教师在教学过程中没有破坏行为。为此，需要一些限制手段，以支持他们正确的要求，而设置并加强这些限制正是教师的责任之一。由此看来，纪律并不都是外在的附加，而是学生内在的需求；重视纪律，实质上是尊重学生对权利的需求，就是尊重学生的权利；学生守纪意味着自己对自己权利的尊重，意味着学生在课堂上有尊严地生活。

一、明确制订纪律的目的

1. 纪律是为了培植和形成学生对规则的认同感

纪律与规则是孪生兄弟。活动必须有规则，有学习活动就要诞生学习规则。有了规则，活动才会有序和有效。纪律就是对规则的认同和对规则的行为化。要求学生守纪，就要培养规则意识，形成良好的行为规范。同时，逐步培育起诚信的品格，促进学生人格的完善。

2. 纪律是为了培植和形成学生对集体的归属感

纪律总是与集体联系在一起。几乎所有的学生都有一种强烈的愿望，希望成为自己班级中重要的一员。如果教师和班级中的其他成员给予重视和尊重，并在活动中包容他们、平等地对待他们，那么他们就会找到这种归属感。而当学生无法在班级中获得这种归属感时，他们经常转向错误的目的。因此，要求和帮助学生守纪，让学生获得并保持这种对集体的归属感，使自己的行为指向正确的目的——遵守集体的纪律，关心集体，维护集体，成为集体中的重要一员。

3.纪律是为了使课堂变成安全、有序的场所

教学必须有令人舒畅的课堂环境，为了维护这样的环境，教师必须不断影响学生，引导他们对行为负责并积极交往，这种影响被称为"纪律"。同时，教师还应该让学生知道纪律不是强加给学生的。可见，纪律是课堂环境的支持性、保证性因素，心理学家琼斯的研究认为，在正常的情况下，教师会因学生的违纪失去50%的课堂教学时间。纪律有利于创造良好的课堂，保证教学任务顺利完成，提高教学的效率和质量，并且有管理课堂的重要价值。

4.纪律是为了给学生带来真正的快乐和自由

违纪行为是怎么产生的？有研究认为，只有当人感到麻烦时，才会有问题存在，即发生违纪行为。反之，消除人的烦恼、解除人的麻烦，人就会自觉地去守纪。纪律带给学生的不应是束缚和制约，而应是自由和快乐，进而让学生在良好的氛围和状态中去想象和创造。纪律不应和抑制创新划上等号，规范也不应视同迫使学生就范。那种纪律只是为了控制和规范的看法，其实是对纪律缺乏深层次的理解。

纪律是永恒的，无论是过去、现在，还是未来，都应有纪律存在，都要关注纪律、建设良好的纪律，新课程所追求的课堂教学同样如此。课堂应当在解放与规范、自由与严格中求得平衡，这种平衡在一定程度上体现在课堂新纪律、新秩序上。

二、师生共同制订课堂纪律

1.课堂规则应由教师和学生充分讨论，共同制订

因为课堂规则不是目的，只是手段。由学生参与讨论而制订的课堂规则，会在很大程度上满足学生的需要和愿望，学生容易接受和内化，从而自觉遵守课堂规则。因此，教师应提供机会让学生参与制订课堂规则，但在确定所期望的学生课堂行为标准时，教师要考虑这样几个问题。所确定的行为要求是否有利于学生的身心发展？行为要求是否影响课堂秩序和学生的学习？行为要求是否体现了对学生的尊重？行为要求是否切实可行？行为要求是否具有改变或修正的可能性？

2. 课堂规则应少而精，内容表述以正向引导为主

课堂规则应是所有学生均应共同遵守的课堂行为规范与要求，因此应尽量制订出最简明、最基本、最适宜的规则。一般以 5 ～ 10 条为宜。琼斯等人研究指出，主要指向惩罚的规则常常会引导学生关注消极方面，反而会淡化学生的积极动机与态度，从而进一步强化低水平的道德发展，无助于发展学生高水平的、具有社会价值的道德水准。可见，消极、负向的课堂规则不利于课堂学习纪律的管理。因此，在制订规则时应坚持正面表述为主，多用积极的语言，建立良好课堂行为的积极的正向强化，这有利于产生"教师期望效应"，从而会促使学生积极、主动、自觉地遵守课堂规则。

3. 课堂规则应及时制订、引导与调整

教师应抓住一学年开始的机会制订课堂规则，并引导学生遵守课堂规则。伊伏特逊等人认为，一学年的开始几周，在决定这一年学生在课堂中如何和教师、同学交往方面起着重要的作用。

良好的课堂纪律管理应该是自觉的纪律教育，它具有以下特征：第一，尊重学生人格，尊重学生自尊心，严格要求学生与尊重学生人格相结合；第二，积极引导学生自己管理自己，以积极的纪律教育为主；第三，以培养良好的纪律行为为主，以惩罚不良行为为辅；第四，实行民主管理，注重教师的主导作用与学生的主体作用的有机结合。

三、师生共同制订课堂纪律，要遵循青少年心理发展的特点

青少年心理发展特点表明，青少年的行为动机具有冲动性，同时具有逆反心理，情绪化较强。因此，制订纪律时要充分发挥教师"引"和"导"的作用，使学生懂得遵守纪律的重要性，激发学生的内在动力。这样，也更容易树立教师自身的威信。

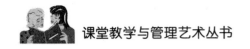

严慈相济

一个有威信的教师，理应是严慈相济的教师，因为他懂得严慈之道。

任何成功的教育，都是严慈相生、刚柔相济的，缺少任何一方、偏执任何一面，教育的总方向都必然走向偏斜。人性的成长——无论群体还是个体，也都是在严慈相济、管中有放、既抑又扬的相互交叠的教育氛围中，才不断发展完善的。严，即班主任要严格要求、严格管理，不放松、不迁就；慈，是对学生真诚宽容的爱，没有爱就没有教育，失去了爱的教育是没有生命的教育。俗话说："严师出高徒"，作为班主任，既要在思想、学习、行为规范上严格要求学生，又要对学生付出真诚的爱心和关心，在任何时候都要把"严"与"慈"结合起来。

教以正，管以严，这不仅是父母对子女教育的需要，也是班主任对班级管理的需要。常言道："树不修剪不成形，人无管教不成才。"怎样做到严慈相济？要从"严"字入手，用"爱"疏导。

一、严字当头，爱在其中

古人云："教不严，师之惰"。中小学生正处于身心发育发展形成的时期，他们的思想言行有很大的不稳定性。严格要求学生、把握学生人生发展的正确方向，是班主任义不容辞的责任。所以，班主任首先要严格要求学生，养成良好的习惯。这里的"严"，是对学生提出的目标要求，要一定坚定不移贯彻到底；对学生违反纪律的行为要坚决纠正，直至其彻底改正；对学生不良习惯的纠正一定要常抓不放、坚持不懈；对学生学习的要求一定要严谨认真、一丝不苟；对班级日常问题、师生关系处理要严肃宽容；对学生个性培养要持之以恒。但严的前提是尊重学生、爱护学生，作为班主任，最主要的是有一颗爱心。教育教学的整个奥秘就在于热爱学生。正如高尔基所说："谁爱孩子，孩子就爱谁，只有爱孩子的人才能教育孩子"，即只有"亲其师"，才能"信其道"。教师的爱是塑造学生灵魂的伟大力量，教师把炽热的爱洒给学生，就会激发学生的"知恩图报"，从而使其乐于接受教师的教诲。关爱学生，具体地说，就是尊重、理解、欣赏、信任学生。班主任如果能尊重学生的人格，理解其追求，欣赏其亮点，激励其进步，信任其言行，能让学生有如沐春风的感受，那就有了威信。因此，班主任要时时处处地站在学生的立场上考虑问题，真正做到"一切为了学生，为了学生的一切"。真诚地对待学生，随时随地奉献给学生的是教师一颗真诚的心。

二、严之有理，爱之有情

严之有理，就是要晓之以理，动之以情。单纯的说教既枯燥乏味，学生又不愿接受，这就需要班主任转变教育方式、方法。也就是说，严要有法，严得要有艺术性。

教育家马卡连柯曾说："我的基本原则永远是尽量多地要求一个人，同时也要尽可能多地尊重一个人。"班主任在与学生打交道的过程中，要把尊重、热爱、关怀和信任学生与逐步对学生提出严格要求结合起来。教师尊重学生的本身应同时体现着对学生的严格要求。严格要求并不是表面上的严厉，而是合情合理。对于一些在纪律上管不好自己的学生，同样应关爱他们，思想上不歧视，情感上不厌恶，行动上多接近，语言上不刺激，让他们感到教师是真心实意地关心他，从而使他发生变化。

学生犯了错误，特别是对所犯错误毫无认识，甚至坚持错误时，教师一定要认真、严厉。讲严，不是针锋相对、寸步不让，而是要严之有理、严之有情、严有分寸；当学生对所犯错误有了比较深刻的认识，甚至内心感到痛苦时，教师则应宽容大度。讲宽容，不是凡事不予追究，而是给学生留有反省的时间，留下改正的机会，留给学生以期望和信任，这样会使学生由于内疚自责而改正错误。

其实，教育的过程就是让学生体验的过程、转化的过程。班主任在遇到棘手的事情时，一定要冷静，换位思考。因此，我们必须树立"教育就是服务"的思想。这样，我们才能做到严之有理，以理服人。

三、严而有度，爱而不宠

度即尺度，严格要求应该是合理的、善意的、可理解的和现实的。严格必须有利于学生的道德、智能、身心及审美情趣的发展，而不能压抑其中某一方面的发展。传统型的教育更注重约束、惩处、管教，而现代型的教育更注重宽容、激励、沟通。严格应是出于对学生真诚的爱和关心，而不是学生对教师的盲从。对于新学生入学，首先应注意培养学生良好的习惯，大到理想前途教育，小到坐、立、行、走，都要严格要求，规范其行为，以便使学生养成良好的行为习惯，形成良好的班级秩序。

同时，必须把握分寸。在班级管理中，班主任常会碰到一些棘手的事。例如，学生乱丢纸屑、上课迟到、打架斗殴等行为。特别是一些学生不服管教，当面顶撞教师等。在这种情况下。班主任往往急于做出处理，"杀鸡儆猴"，甚至做出从重处罚的决定。然而，过重的处罚必然会导致学生心中不服，也达不到教育的目的。对犯错误的学生应给他们留有改正错误的机会。

曾有一个学生，因纪律观念差，早上经常迟到，问他原因，回答："起来晚了。"再问，便理直气壮地回答："晚上做作业睡得晚。"一个堂堂正正的借口让教师一时无以应对。针对这一现象，教师在班上开展了"怎样合理安排时间"的讨论会，让学生在活动中明白事理，使爱迟到的学生受到教育。这名学生不迟到了，班上迟到的现象也少了。

班主任不能把学生当作监管对象，动辄损害学生尊严，刺伤学生心灵。对待学生的错误，不能只是粗暴地批评和惩罚。要知道，惩罚学生，是教育上最不适用的一种方法，因为惩罚会使学生从良心的责备中解脱出来，把学生推向教育的另一端。"棍棒"只能造就奴隶，不能造就人才。在一个开放的信息社会里，在这样一个需要培养学生健全人格的时代里，"棍棒"威慑之下造就的人，已经很难适应社会、应对未来。因此，班主任对学生的严格要求必须以最大限度的理解、宽容、善待学生为前提，做到严而有度。

严格过了度，不讲分寸，就会变成苛求，不但不能对学生有积极的教育作用，反而会引起学生的反感、畏惧；而爱过了度，不讲原则，就会变成放任，容易使学生为所欲为、没有规矩。在教育学生的过程中，应掌握好"度"，科学施爱。

四、严而有方，爱而有法

严，应讲究方法。古人云："治人治病，得其方，药到病除，不得其方，适得其反。"作为班主任，严之有方，体现在对班级要进行科学管理，对学生要讲清道理，处理事情要公平合理，不重罚，也不偏袒；不纵容明知故犯者，也不委屈无辜受累者，力求一视同仁。

一次，某教师发现班上有学生扔粉笔头，调查后竟然有学习委员参与，教师对所有扔粉笔的学生进行了严厉的批评，并征求学生的意见该怎么处理。学生一致建议买一盒粉笔以示警示。事后，学生心悦诚服，不管是犯错的还是没犯错的学生都受到了教育。

由此可见，教育要严之有方。方式、方法很重要。与学生交流应心平气和，与学生交谈应平心静气，师生需要的是相互尊重。尊重人格，是大写的高尚。比如：

有时，班级内有个别学生很自私，缺乏爱心，每次献爱心活动都有较强的抵触情绪。对这类学生如果采取强行批评的办法，只会压而不服。教师就采取攻心战术，选学一些有关"一方有难，八方支援"的文章进行学习并展开讨论。使学生懂得关爱别人也就是关爱自己的道理。同时，加强对学生服务意识的培养，如值日生全班轮流当。让每个人都树立主人翁的责任感，懂得关心别人，懂得社会需要关爱。

学生需要严师，学生更需要慈祥和宽容的教师。教师对学生的爱要以对学生的尊重和信赖为前提，不是宠爱，也不是溺爱，而是要爱中有严，严中见爱，严慈相济。对学生的严应当是严而有信、严而有度。教师既要为学生之师，又要为学生之友，这就要求教师要做到严与爱的和谐统一，以心灵感受心灵，以情感赢得情感。心灵沟通了，教书育人自然就会得心应手，威信自然也会节节升高。

适度惩戒

　　一个有威信的教师，除了会做学生的思想工作，懂得"以柔克刚"之道外，还要学会拿起"惩戒"的武器。当然，惩戒不是体罚，而且必须适度。

　　"惩戒"是指惩罚、警戒的手段，是一种旨在对犯了错误的人进行外界强制性刺激的教育方法。进行惩戒的目的是通过惩戒让受惩戒者明辨是非、迷途知返、改邪归正。惩戒绝不是"整人"，而是教育的一种方法。这是其目的所规定了的。

　　学生的思想觉悟、道德修养和行为方式，由于各方面原因，一定是参差不齐的，有的学生会违反规章制度、纪律条文甚至犯较严重的错误。要维持班上正常的教学、生活秩序，就必须对"犯规"的学生进行惩戒。惩戒在班务管理上具有以下两方面明显的作用：

　　（1）可以对犯了错误的学生起到规范控制作用，约束他的不正确的思想和行为，使其"吃一堑，长一智"。事实证明，很多曾经犯过错误的学生正是在受到了惩戒以后，幡然悔悟，改正错误，取得了进步。

　　（2）可以对班上其他学生起到警示告诫作用，使他们间接地受到教育。事实表明，班主任对班上某学生因某方面犯错误进行了惩戒后，班上其他学生以后就会较少再犯类似的错误。这其实也就是"以点带面"教育法。

　　惩戒手段是班级管理的一种方法，运用得好，有利于班风健康发展。但如果运用不当，不注意原则，则不但起不到正向教育的效果，相反还会产生副作用，不利于班务管理，而且影响教师威信。

　　具体地讲，班主任在运用惩戒手段时要注意如下几条原则：

　　（1）及时原则。学生犯了错误，要及时处理，因为这个时候学生对自己的错误一般都有所觉察，及时惩戒容易触及其思想深层，给他以较强的刺激，使其记忆深刻。同时，也能使错误行为得到及时控制，不至于蔓延开去，或引起其他学生的重犯。不然，把过去大大小小的错误汇拢来"算总账"，采取"一次清"的方法，效果就不大。因为，这个时候学生对自己早先的过错已经印象淡漠了，这个时候再去"惩戒"，无异于隔靴搔痒。而且，当事学生及其他学生因为教师未及时处理某一问题，日后就容易重犯，从而形成"慢性病""老大难"，使班上问题、毛病一大堆，想"一次清"也因"积重难返"，"清"不了。报纸上常报道说××学校为严格管理，处分了若干学生。这从某种意义上正反映了该校及其教师平时未对这些学生的错误进行及时惩戒，以至于他们越陷越深，铸成大错。这是一种平时不闻不问，秋后算总账的方法，不利于教育学生。

（2）适度原则。班主任根据学校有关条文和学生所犯错误的性质、影响、危害及自身的认识、表珊隋况，惩戒适度。如果惩戒太重，则未免小题大做，学生会产生抵触情绪，不服气，自然也就无益于改正错误了；如果惩戒太轻，则既起不到教育当事学生的作用，又起不到警示告诫其他学生的作用，从而使惩戒成为"银杆蜡枪头"，起不到作用。

"适度"还有另一层含义，是指不要滥用"惩戒手段"，不要不问错误缺点的严重与否、不看危害影响的大小轻重，动辄就进行"惩戒"。这样的话，会搞得人人自危，空气紧张；久而久之反而不以为然，轻视惩戒了。这对班主任进行班务管理无疑是不利的。"惩戒"太滥，不讲"适度"原则，随便运用，失去了应有的强制约束力、教育力，班主任还能正常进行班务管理吗？

（3）封闭原则。这也包含了两层意思，一是说对犯了错误的学生进行惩戒，只能就事论事，针对所犯的错误进行教育，不能毫无根据地把以往的过错拉扯进来，或者凭主观印象把其他人的错误硬往他身上联系。这样做，一会淡化教师对学生现在所犯错误的教育效果，失去惩戒的针对性；二会容易使学生产生失望感，认为这也错那也错，不如破罐子破摔；三会引起学生对班主任的反感。"封闭原则"的第二层意思是对学生某些性质的错误（如偷窃）及对个别性格孤僻、内向的学生进行惩戒时，不宜当众进行。而且，对学生所受的惩戒也不要到处讲，也要适当"封闭"。为当事学生保密，不伤害其脸面、自尊心，往往有助于他认识并改正错误。

（4）公正原则。班主任对犯了错误的学生进行惩戒教育时，要坚持公正原则，一视同仁，秉公处事，切忌私心偏袒。如果根据学生是否为班级干部、成绩好坏等因素评断是非，进行惩戒，那就容易损害惩戒的严肃性、权威性和班主任自身的威信，造成学生与学生之间的不团结、不和气，人为地加大班务管理的难度。

（5）情感原则。"惩戒手段"虽是一种强制性教育方法，但也不排除情感因素。作为班主任，在对学生进行惩戒前，一定要循循善诱，讲清道理，耐心细致地做好说服工作。如果这个工作没做好，或者干脆不做，那么学生往往难以接受。严重的还可能导致恶性后果（如学生想不通寻短见）。要做好"惩戒"前学生的工作，在晓之以理之外，还要动之以情，以情感的力量打动学生，使其心灵真正受到震动，而且相信教师是因为爱护自己才运用惩戒手段的。

惩戒之后，班主任要多找被惩戒的学生谈心，进行开导和劝慰对方的工作。因为这个时候，他们往往有一种自卑感，抬不起头来，心灰意冷，甚至失去上进的信心。这个时候，他比以往任何时候都需要得到理解和开导。因此，班主任不但不能歧视、羞辱、孤立他们，相反要比平时更主动地亲近他们、关心他们和帮助他们，更多地发现他们的优点和进步，并有意识地加以表扬。这样，就可以缓解他们苦闷的自卑心理，使之振作起来，看到前途与希望，塑造新的自我。

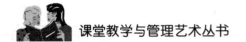

用心灵赢得心灵

从孔子的"爱之，能勿劳乎？忠焉，能勿诲乎？"到夏丏尊的"没有爱就没有教育"；从罗素"凡是教师缺乏爱的地方，无论品格还是智能都不能充分地或者自由地得到发展"，到苏霍姆林斯基的"我把整个心灵献给孩子"……都在向我们彰显一个道理：虽然古今中外的教育家的教育思想虽然会有所不同，教育风格也各有千秋，但有一点是共通的，那就是"爱的教育"——爱是教育的灵魂，爱是教育生命力的底线！

对于教育工作者来说，"爱"是一个永恒的主题，没有爱，就没有教育；没有爱，就无法赢得学生的心灵。因此，在教育教学工作中，教师必须投入自身的情感，用爱真正滋润学生的心田，用自己的深情去赢得学生的心灵。

苏珊是一个俊俏、可爱的小女孩，当她读一年级的时候，医生从她那小小的身体里查出了一个肿瘤，被确诊为癌症。为此，苏珊受尽了磨难，住院、化疗、手术，经过三个月的治疗，她的病情终于稳定了下来。

小苏珊很懂事，学习也很刻苦，但她毕竟还是一个孩子，她并不知道自己的病情有多严重，她一如既往地活泼快乐，所以一出院，她就迫不及待地向妈妈要求去上学。

但令她十分苦恼的是，因为大剂量的化疗，她那头漂亮的头发已经全部掉光了，而一个亮亮的脑袋对于一个7岁的孩子而言是残酷的，她开始发愁今后的校园生活，她不知道以后应该如何面对她身边的教师和同学，她怕他们笑话她——一个小女孩光着头去上课多难堪啊！

为此，妈妈给她买了顶帽子，它时刻都不离苏珊头顶。但是，当时的天气并不冷，同学们也都没戴帽子，她一个人戴着帽子，反而更显得抢眼，恐怕同样会引来别人的指手画脚，甚至好奇心强的人也许还会掀掉她的帽子一探究竟。到那时，她又该如何自处啊！

想到这些，苏珊对于回到学校上课又开始犹豫了，她真的害怕听到同学们的嘲笑声。但是，到家里探望她的教师安娜却一直鼓励她勇敢去面对，并不断地告诉她，同学们都十分期待她能回到大家的中间，每个人都在盼望着她！

在教师的鼓励和苏珊对知识的渴求之下，苏珊终于在妈妈的陪同下勇敢地走进了校园。当她走到教室门口时，她下意识地摸了摸自己头上的帽子，眼中泪光闪烁，迟迟没有迈开自己的脚步。

就在此时，教室的门打开了，安娜老师走了出来，她热情地将苏珊迎进了教室之中。苏珊放眼全教室，感到万分惊讶，因为她发现，班上的每一个同学都戴了一顶帽子，五颜六色、琳琅满目，就连安娜老师都带了一顶古怪至极的小帽子。

在这一片晃动的五颜六色的帽子之中，苏珊的帽子反而显得毫不起眼，已经引不起任何人的注意。这下子，苏珊忐忑不安的心才静了下来，灰蒙蒙的情绪一下子飘散了。她反而觉得同学们的帽子漂亮、新奇，禁不住笑了起来。

为什么会这样呢？原来，苏珊的教师安娜是一位善良、极富爱心的教师，她非常了解苏珊的痛苦，所以她想尽了一切办法帮助她，同时也对全班同学进行了一次爱心教育。

在苏珊返校上课的前一周，她热情而郑重地在班上宣布："从下星期一开始，离开我们三个月的苏珊就要回到我们中间，回到这个她所熟悉的教室里来了！为了表示我们对她的欢迎，我希望从下周开始，所有同学都要戴着自己最喜爱的帽子来上课，而且越新奇越好，让苏珊能够感受到最大的快乐！"

同学们自然是欢呼雀跃，既可以展示自己最喜爱的帽子，又能够给自己的小伙伴带来莫大的快乐，真是太令人高兴了！

于是，教师的爱心和同学的关怀，很快就消除了苏珊的心理障碍，她觉得自己和别人已经没有什么两样了，没有什么东西可以妨碍她与小伙伴们自如地见面了，她在学校的生活也过得越来越开心。

就这样，日子一天天过去了，有些同学在上学时忘了戴帽子，有些同学还戴着，而苏珊竟然也常常忘记了自己戴帽子的事情，即使有时候在玩闹中帽子不经意地落下，露出光亮的脑袋，苏珊也很少看到同学们好奇或者嘲笑的目光，因为安娜老师早已把爱心的种子深植在他们幼小的心中……

这个戴帽子的故事本身可以说是极其普通的，然而其中所包含的人文内涵却是极其深厚、令人感动的。这位富有爱心的女教师的一个小小举措，表面上只是化解了一个孩子的痛苦和尴尬，但其意义之大已经远远超过了这一境界——她一面用自己的爱心读出幼小生命内心的微妙情感，为一个孩子保持自尊、自信，从而为她扬起远行的风帆；一面用自己的言行举止去感染整个集体，使所有的孩子都能够充分感受到她崇高的人格魅力，并为这种魅力所折服，欣然跟随、效仿，并最终实践在自己的言行举止之中。

这无疑是一种崇高的教育情怀，更是一种为人所钦佩的人本主义光辉。教育首先应该关注的就是人——关注人的情感、关注人的价值、关注人性的完善。而这一切都有赖于教师从骨子里散发出的人格光芒，有赖于教师对爱的言传身教。

这句话从师生关系上精辟地论述了师爱在教育工作中的重要性。在德、智、体、美、劳等各项教育中，师爱是基础，是先决条件。因此，在教育过程中，无私地奉献这种师爱，既是赢得学生心灵的重要条件，也是教育成功的关键。

美国著名教育家保罗韦地博士曾花了40年的时间进行了一项关于"学生心目中喜欢怎样的教师"的研究，他从所收集到的9万个学生的来信中，概括出了好教师的12种素质。其中，排在第一位的就是"友善的态度"，即爱学生、善待学生。

日本一家报刊对千名学生进行了调查：有52.8％的学生希望教师温和、可亲、具有爱心；而喜欢渊博知识型教师的只占31.1％。

由此可见，在教师必备的素质中，师爱占了多么大的比重，师爱有时要比渊博的知识更重要。因为爱是一种积极的情感，它可以使人精神愉快，给人以温暖和动力，是每一位学生都希望得到的精神雨露。

如果教师用这种殷殷的师爱建立起师生间真挚的感情，就会收到神奇的教育实效。学生在得到教师的爱之后，自然而然地就会激发出自己对教师的爱，反馈回去，形成爱的双向交流，心理学家称之为"动情效应"。

学生在这种效应的作用下，会自觉尊重教师的劳动，十分愿意接近教师，希望与教师合作，把教师看成是父母亲般的亲人。他们愿意向教师反映内心世界，袒露自己的思想，真诚地倾诉心里的秘密。

师爱的一个重要内容，是教师应尽最大可能不要伤害学生心灵中最敏感的地方——人的自尊感。

伤害了学生的自尊，就是伤害了学生的心。

著名教育家李镇西老师曾在一本书里写过他亲身经历的一些教育往事。他说：

在这一点上，我的教训多于经验。我曾多次苦恼过：为什么我把整个身心都献给了学生，可一些学生还是对我很冷淡呢？不久前，我和一位学生的邂逅，使我找到了答案。那天，我在校园内碰到了原初84级一班、现高87级二班的付饶。她在我班时，我曾为她花费了大量精力：谈心，补课，不止一次地冒着烈日去她家家访。她也很关心我，初一时，她曾悄悄地把治喉病的药塞进我的寝室门。不料，在那次相逢中，她对我相当冷淡，从仅有的几句交谈中，我甚至分明感到了她对我的反感。最后，她以火山爆发般的口气直言道："是的，我对你就是有意见……你自以为你是为我好，但是你伤过我的自尊心。你还记得初三时我写的那张大字检查吗？"哦，我想起来了，初三时，她违反了学校纪律，我出于严格要求，责令她写了一份检查，并用大字抄出来贴在校园内。当时，我觉得这样做很好，因为违反学校纪律的人明显少了，没想到现在……"也许你是对的，'严格要求''维护集体荣誉'，可是我却因此而出名了，'付饶'，全校都晓得了！……"我惊奇我当时为何没察觉她的思想："你为什么当时不对我说你的不满呢？""要毕业了，我怕你……所以，心里不服还是假装诚恳，写了检查……"这以后到现在，付饶每次碰到我都不搭理，但我却不怪她，甚至还感谢她，因为通过她，我毕竟得到了一个有益的启示：如果我们在无微不至地关心学生的同时，又不知不觉地伤害了学生的自尊感，那么这好比是我们一方面热心播撒师生感情的种子，一方面又在粗暴摧残师生感情的幼芽。

在1984年秋季运动会上，我参加了男子1 500米长跑，在我筋疲力尽之际，我听到跑道旁一个胆怯、羞涩的声音："李老师，加油……"人声鼎沸之中，这一声最动我心弦，因为这是高87级一班耿梅的声音，她在初中时，曾被我伤过自尊心。在初中毕业那天，我叫学生给我写一封信，专门提意见，"发泄不满"，耿梅这样写道："李老师，您还记得吧，一年级时，有一次我惹您生气，您找来了我的家长，并且当着全班同学的面不点名地说我是'厚脸皮'，当时我不服气地争辩了几句，您便叫我站起来，列举了我'厚脸皮'的六个标志，同学们都盯着我，我没哭。当然，您也许是对的，但您却伤了我的心。"读着这封信，我的内疚之情是难以形容的，我甚至想再教一遍这些同学。我想：如果这些同学记恨我，也是可以理解的！但是，耿梅并未记恨我，并且在这时为我送来一股温暖的力量，我怎不感到惭愧。

"要是付饶也能像耿梅一样就好了。"我常想。但是，我清醒地认识到：我们的教育对象，更多的是付饶，而不是耿梅，因而我也没有理由因付饶而感到委屈了。

上学期，初87级一班的男生彭涛有一次撒谎了，气愤之中，我把他叫到讲台上，当着全班同学的面批评了他一顿，好多天，这个学生都闷闷不乐，我猛然意识到，我又刺伤了一个孩子的心灵，我真是"本性难改"！于是，我及时找他谈心，并诚恳地道歉。可是，过了不久，彭涛又欺骗教师、家长，他感到自己不可饶恕，李老师将会从严处理，可是我一点也未批评他，更未让全班同学知道此事，只是对他说："相信你会改正。"果然，这以后他表现得很出色，不仅没有再撒谎，而且多次要求当班干部，他向全班同学声称："我有能力当好班干部，请同学们相信我！"我想：假如他第二次撒谎时，我又在全班批评他，那么他是绝对不会有现在这种自信乐观、朝气蓬勃的精神面貌的。

李老师的经历启示我们：教师想尽量直截了当地帮助学生改正缺点，把他的缺点公之于众，以使其他学生从中吸取教训，不犯类似的错误，这种方法是最不成功的，因为这无异于开"批判会"，把学生心灵中最敏感的地方——自尊心、个人尊严、自豪感统统暴露于外，并使之受到伤害，这种教育所造成的损失是难以估量、无法弥补的。

　　这种做法不但无法赢得学生的心，反而是在伤害学生的心。

感情投资

我们常说，热爱学生是教育教学获得成功的基础。原因是，人都是有感情的。当学生通过观察、体验，从内心深处感受到师爱的情感时，是不会无动于衷的。一方面，他们会把自己的爱回报给教师，从感情上缩短彼此间的距离；另一方面，师爱又成为学生接受教育的桥梁。也就是说，"亲其师"而"信其道"。学生愈是感受到教师的爱心，也就愈加信任教师，教师的教导也就越容易被学生理解和接受，并转化为他们的自觉行动。

在教育实践中我们往往发现，有许多"理"，可以说教师天天讲，但学生就是不听，就是不接受，或我行我素，你讲你的，我做我的，或课上听，课后不听。原因在哪里？十分简单，教师讲的"理"要使学生接受，必须"理"和"情"结合起来。"理"和"情"如水乳交融，既合"情"又合"理"，打动了他的心弦，他就能接受，情越深，他越听，好像可以从教师那里获得无穷的力量。相反，"理"胜于"情"，有"理"无"情"，这"理"就缺乏感染力，自然学生对这时的"理"，就会无动于衷，置之不理。难道不是这样？在实践中我们经常看到，当一个不听话的学生生病在家不能上学，教师抽空去看望他，要他"好好吃药，好好休息，好了再来，耽误的课，我给你补"。学生一下懂事了，对过去的不听话而深感内疚自责。当一个经济上有特殊困难的学生决定辍学时，教师带头进行捐助，帮助解决他的学杂费，师生的温暖，融化了他的心田，分担了他背上的包袱，学生不但不放弃学业，还决心改掉自己的毛病，做个好学生。当一个学生家中发生了不幸的事，教师前去安慰，学生会以爱换取爱，会自己去克服眼前的一切困难……这许许多多关心和爱护学生的行为举止，会拨动学生心灵深处的琴弦，引起学生感情的共鸣，会使学生愿意接受教师所讲的那些"理"。感情投资越多，对学生越是爱，学生的心灵就越会被你所征服，学生就越会对你言听计从了。这种以情生情，

就是师爱的感染力，先感化，后转化。

我们先来看下面这个故事：

有一个学生平时爱讲"哥们儿"义气，好打抱不平，常常因为一点小事打架，班主任黄老师不知找他谈了多少次，好说歹说，总算好长一段时间没有打架。谁知，旧病复发，一次又到校外纠集了一伙"哥们儿"同兄弟班的同学大打出手，混战中他用刀刺伤了人，触犯了法律，将被拘留。面对这种现实，有些教师会想，平时不听管教，这回犯了法，去尝尝拘留所的滋味吧，这是咎由自取！也许有人会想，坏事变成了"好事"，借这个机会，推出学校大门，班上少了一匹害群之马，大快人心！可黄老师怎么想呢？他没有卸包袱的轻松感，他感到痛心，感到内疚，因为他觉得，作为教师他还没有完全尽到自己的责任。现在学生要被带走了，我还要做好教育工作，否则就有可能铸成这个学生一滑到底的后果。于是，他找到学生，语重心长地对他说："你聚众打架伤人的事，触犯了社会治安条例，派出所决定给你拘留惩罚，再过一个小时就要带你走了。你只是暂时离开班集体，我和班上同学们都等你回来。作为班主任，我对你提几点要求。第一，你在被拘留期间，要深刻反省错误，这次要痛改前非，作为一个好学生，在拘留所里还要坚持学习；第二，在拘留所里，千万不能再结识什么'新'哥们儿，不管谁勾引你，千万别理他们……"

这种发自内心深处的话，深深打动了这个学生，师生用眼泪交换了内心的情感。这个学生就是带着这样的情感走出校门的。在这个学生被拘留的几天里，黄老师不仅亲自去看过他，还多次家访，说服其家长正确对待孩子所犯的错误，孩子回家后，不要打骂，要帮助他接受教训，改正错误。同时，又耐心做好班上学生的工作，要求同学们不歧视这个学生，更不要拒他于集体之外，在他回班后，要用集体的力量帮助他，拉他一把，用集体的温暖感动他、感化他，使他不感到被孤立。正因为这样，这个学生回校之后变了，不但再没有犯那样的错误，而且在各方面一步一步地前进了。有一次，他对黄老师说："在我被拘留期间，你去看我，还是您有力量，感染了我，把我拉了过来。若没有您的教育嘱咐，我也许被他们拉下了水……"

另外一个故事同样可以说明以情育情的感染功能：

一个学生早年丧母，父亲在外地工作，平时只跟奶奶在一起生活。由于从小缺乏家庭温暖，性情孤僻，对一切都看不顺眼，采取冷漠态度，久而久之，失去了上进的激情。卢俊玉老师想：必须从情感上打开缺口才能促进他进步。于是，注意亲近他，并说服全班同学去亲近他。一次，这个学生生病发高烧，卢老师连夜跑到他家去守护，以后又组织同学们轮流去守护。经医生诊断，他胸部有一个硬块，是毒疮，需用一种中药治疗，为此卢老师跑遍了北京城的中药店，都没有，便写信给四川的亲友，才买到了。这个学生双手捧着药盒，流着泪："老师，你对我好，以后……"后来，需要住院做手术。手术前，卢老师去安慰他、鼓励他，手术后，卢老师去照看他，帮他补习功课。这时，这个平时厌恶上学的学生，只盼着快快康复，好回校上课。住院两个月，这个学生的思想感情、精神面貌全变了，变得爱集体、爱教师、爱同学、爱生活、爱学习了。学习成绩也大幅提高，期末考试除化学未跟上外，科科及格，语文、政治还取得了优异的成绩。

这种惊人的教育效果，并没有讲许多大道理，关键在于多给学生一些关怀。多给学生一些爱，这也就是人们常说的以情育情，先感化，后教化。

关爱，渗透在教育的每个细节中

我国著名教育家夏丏尊曾经说过："教育没有情感，如同池塘没有水一样。没有水，就不能成为池塘，没有爱，也就没有教育。"是啊，教育就是关爱，这一理念现在已牢固树立到了每一个教育工作者的心头。问题是，光有理念是远远不够的，它需要教育工作者把这种思想迁移到平时的教育活动里，渗透到教育的每一个细节中，唯有如此，才能更好地赢得学生的心。

有一个叫罗天楠的学生。小学四年级时，因为成绩太差，父母亲与教师商量，决定让他重读一年。看看曾经同班、同桌的伙伴快乐地在五年级出入，第一次班会课上，他沮丧得抬不起头。班主任姓戴，新接这个班。他知道，此时这个孩子的心灵极其脆弱，如果稍有不慎，很可能导致他心理的逆反，或者自暴自弃。怀着一种特别的爱心，在做完自我介绍以后，戴老师这样介绍新同学："现在进行班会第二项内容，全体起立，为插读我班的罗天楠同学鼓掌祝贺。人生的路那么长，同一个年级连续两次，就得到了两倍的同学与朋友。"这句"重读"的最美丽而智慧的诠释，让一个10岁的心灵快乐得成了一朵花。是啊，当一个教师"爱"字当头，他教育生涯中的每一个设计都会充满柔情，都会给孩子创造一个美丽的星空。不难想象，戴老师不精心设计介绍语言，不把罗天楠介绍给新同学，而是简单提一下，或这样介绍说："我班新来了一个同学，是插班重读的，大家不要歧视他。"诸如此类，那对罗天楠的成长肯定就缺少了激励的意义。教师所从事的教育工作，是一项非常复杂而微妙的工作，塑造孩子的灵魂还需要付出独特的匠心，但不管何时何地，不管遇到什么样的情况，做教师的都应记住：教育就是关爱，我们要以一颗"爱"心时时反思，看我们对学生的关爱是否合乎学生的需要，是否让学生感受到了这种"爱"。

师生处在一种对立的状态下，是不可能实现互动互进的，只有沐浴在爱的阳光下，才能共同成长。

当然，教育的手段是多种多样的，惩罚教育、挫折教育也有着它们的积极意义。但是，行为受思想的影响，手段受理念的支配。无论对待什么学生，无论采用什么手段，我们都应牢牢记住"教育就是关爱"的理念，并努力把这种"关爱"渗透到我们教育的每一个细节之中。

教师必须走正路

　　教师不仅应当做好自己的工作，而且还要对自身人格有更高的追求。这种人格的追求不仅是品德的修养和思想的净化，更重要的是对教育中的公正和正义的追求。教师要通过自己的行为和影响使学生也成为一个追求正义的人。

　　希腊教育家苏格拉底对"德即知识"的阐述及其自身的所作所为就是一个典型的例子。在苏格拉底看来，德行是关于善的知识。一个人知道什么是善的，必然会行善；如果一个人自称知道一件事情是好的但又不去实践，则是自相矛盾的，这说明他实际上并没有真正知道这件事的好处。苏格拉底强调"德即知识"的主要目的，就在于当一个人认识了真理和正义以后，就应当义无反顾地去追求，甚至牺牲自己的生命。在这方面，苏格拉底本人就是一个典范。当他被判以极刑后，他有多次逃生的选择：他可以交付一笔赎金以换取生命，他的朋友也愿意代他交付赎金；他还可以把妻子和孩子带上法庭求情，用情感化陪审团；另外，在临刑之前，朋友又为他安排了逃走的道路。但他认为，这些行为都是与法律相抵触的不正义的行为，他在知道什么是正义之后就不能再做不正义的事情。苏格拉底为追求正义和真理献出了自己的生命，他的这一行为成为西方师德教育中的重要范例之一。

　　在现代美国学校教育中，教师虽然不至于像苏格拉底那样为追求自己的信仰而献出生命，但为了追求教育的正义，也要付出极大的代价。在美国教育中就有这样一个案例：

　　　　在一次自然课上，两个初中学生由于课题汇报的内容与教师的观点不合而与她发生冲突。这位教师很快将此事向学校报告，并要求对他们实行"停学"的处分。这件事情引起了另一位教师的关注，他决定介入此事，但他同时也陷入了两难的境地。从通常情况来看，学校的教师都应站在学校的立场上，为自己的同事说话；学校的领导也应站在教师一边，替自己的职员说话；这位教师又是与学校签有合同的，他应当是为学校工作的；况且，在一般人看来，教师工作只是一个养家糊口的职业，这位教师没有必要为了保护学生而丢掉自己的工作。因此，这两个学生开始并没有对这位教师的参与抱有任何幻想，但是这位教师在听了两个学生的陈述以后，经过思考，分别向校长助理和校长写了信，表达了自己的看法。这位教师认为，这两个学生虽然有些调皮，但他们绝不是坏孩子，他们是坦诚和努力学习的。最终，学校接受了这位教师的建议，没有处分这两个学生，事情得到了较好的解决，同时也给两个学生留下了深刻的印象。在学生看来，这位教师是一个不顾个人得失、主持正义的人，这样的教师才是真正教书育人的好教师，这样的教师才能受到学生真心的爱戴。

作为现代教育工作者，不仅需要对一定的组织负责，受一定的角色制约，更重要的还有对组织中正义的追求。这种追求可能要暂时打破组织、角色对自我的约束，可能意味着失去许多东西，但正是这种追求使学生懂得了什么是正义，并激励学生勇敢地去追求正义。可以说，这位教师对正义的不懈追求及对学生的影响是积极而深远的。正像案例中有一个学生所说："那个教师不只是教社会研究课，他还教会了我一个人能做什么。"

在教育过程中，正义必须被摆在首位，因而教师对正义的正确认识和自觉坚守也就成为教育的必然要求。在纷繁复杂的社会面前，是与非、真与假、善与恶、美与丑，都需要教育来完成辨明的过程。教师站在哪一边，教育就站在哪一边；教师坚持什么，学生就可能认可什么。一言以蔽之：教师必须走正路。

在是与非面前，教师应该旗帜鲜明，他能够站在公众利益这一边，公而忘私，大义凛然，其态度虽未必决定结果，却足以引领学生。

在真与假面前，教师必须目光如炬，他应该站在客观事实这一边，坚持真理，崇尚真实，其作为代表着民心向背，哪怕要由历史见证。

在善与恶面前，教师必须爱憎分明，他应该持有激浊扬清的立场，自反而缩，虽千万人吾往矣，善善而恶恶，是教师的基本世界观。

　　在美与丑面前，教师必须洁身自爱，他律己则远小人而近贤良，教人则重品质而轻表象；教育之美在于永葆纯净之土，教师之美在于不染俗恶之气。

　　昂首走正路，这样的教师才能树立起一座人格的丰碑！这样的教师也才能真正赢得学生的心！

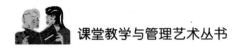

让公平的阳光照耀在每个人身上

教师的"公平"，是理想教师必须具备的重要人格之一。在学生的眼里，他们最希望教师对所有学生都一视同仁，不厚此薄彼；他们最不满意教师凭个人好恶，偏袒某些学生或冷落、歧视某些学生。

当一个教师用真诚、善良、言行一致的原则与学生相处，对学生不偏不袒，公正无私地处理学生之间存在的问题时，学生就会对教师产生亲切感和仰慕感，就会有意无意地效仿教师，甚至是追随教师。

这就要求，教师必须公平地对待每一个学生，因为只有当学生感受到无论自己是否引人注目、是否取得过骄人的成绩，甚至是否遵守学生规则，自己都会和其他同学一样平等地受到教师的关注，得到教师的关心，这时他们才会不由自主地被教师的人格魅力所折服，产生由衷的"向师之心"。

在美国，学生入小学时，都要测试智商的高低，按照智商的高低分为快慢班。有一所小学有这样一个班级：智商低下的有之，思想不健全的有之，失去自主能力的有之……这个班级因此被学校的教师和学生称为"特殊"班级。

学期中间，一个名叫麦琪的教师被调到这个学校来，校长要她担任这个"特殊班"的教师。

通过初步的了解，麦琪知道了这是一个智商最低、许多教师都最不愿接手的班级，但她并没有因此而退却，反而下定决心一定要改变这些学生的学习现状。

在教学和管理中，麦琪想方设法地对学生渗透平等、民主、自主的观念。在课堂提问时，为了保持公平，使每一个人都能够获得回答的机会，她让学生一排一排挨个儿回答问题。这样的做法不仅增加了学生对学习的兴趣，还让学生能够更加主动、自觉地学习。

学期结束考核后，校长把麦琪请到办公室，问她说："你对这些学生用了什么手段？他们的考试成绩竟然比普通班的学生还好！"

麦琪笑着回答道："那很自然啊！他们的智商本来就比普通班学生要高呀，您不是也说他们很特殊吗？"

"我当时说这个班学生特殊，是因为他们有的患有情绪紊乱症，有的智商低下，需要特殊照顾。可是你好像并没有照顾他们，那为什么……"校长不解地问。

"我为什么要照顾他们，他们和普通的学生一样，我对他们每一个人都非常公平，包括我对他们所说的每一句话都是一模一样的。"

校长这时才醒悟过来，原来"特殊班"的学生并不特殊，只是自己没有做到对学生平等地对待而已。从此以后，校长撤销了"特殊班"。

在每一个班集体中，都会存在着这样一群孩子——他们在学习或生活中经常出现这样或那样的问题，导致他们的自尊心受到伤害，并且形成自卑心理，产生无能感，从而形成孤僻、冷漠等性格。

如果教师只是一味地认为这些学生是有问题的学生，对他们总是不予理睬，那么这样的教师就缺少了最起码的做人的准则，更谈不上什么人格魅力，自然就会永远被学生拒之于心门之外。

陶行知先生曾经提出过"泛爱"的教育理论——教师不能只爱几个"好学生"，而应该"爱满天下"。

教师爱学生，就要用公平的眼光来看待学生，不能把成绩和其他一切外在条件作为衡量学生好坏的标准；就要把欣赏的目光投向每一个学生，让更多的学生从中感受到殷切的期望，体验成功的喜悦，从而获取向上的动力。作为一个具有人格魅力的教师，在教学过程中，应以正确的教育思想教书育人，面向全体学生，公平地对待每一个学生，给予全体学生同样的关心和指导、同样的信赖和尊重、同样的鼓励和期望，会促进学生在各个方面全面发展。

尊敬的教师，请把你的爱心献给每一位学生，对每个学生都做到公平公正吧！这大放异彩的人格魅力，会让你的学生更加尊敬你！

因为无私，所以伟大。

爱迪生发明了电灯，莫尔斯创造了电报机，他们得到了什么？

引爆炸药的发明家诺贝尔，把人类送上蓝天的发明家莱特兄弟，他们向人类索取了什么？

……

一位科学家曾经说过："世界上还有比钱更重要的东西，那就是为人类事业献出自己的一切！"

科学不是为个人荣誉，不是为了私利，而是为全人类谋求幸福；教育不是为了赚钱，不是为了立世扬名，而是为了全人类的未来！

作为一名科学家，不应该只拘泥于科学的国界和自身的限制，而应该放眼全人类；作为一名教育者，更不能忽视将学生教育成为一个不为名利、无私给予的现代人。

为此，无论你是身为科学家的教师，还是身为教师的科学家，抑或只是一名普通的人民教师，只要你教书育人，只要你传承科学与知识，你就应该拥有为人类共同的事业而无私奉献的博大胸怀，做一名不为私利、无私给予的优秀教师！

这是赢得学生心灵的必要条件！

吴老师是一名在普通公办小学任教了十几年的高级教师，教学功夫扎实，在教学、管理等方面，都积累了丰富的经验。

她生动形象的授课形式，常常把学生带入想象的乐园，让学生都听得津津有味；她春风化雨式的关怀常常让学生感动，学生在她面前总是乖得像小猫一样。

一次，一位年轻的教师因为一个平时调皮学生的捉弄，当着全体学生流泪了。她抹着眼泪回到办公室，吴老师问明原因后，劝慰道："我经常会碰到这样的调皮学生，这很正常，应付这样的学生我有办法！"

说着，吴老师从抽屉里拿出了一个笔记本送给她："把这个本子送给你，这是我从教多年的工作经验，是专门'对付'调皮学生的。"

年轻教师回去后，用吴老师的方法教育了那个学生，果真奏效，她每次见到吴老师都不由得说上一句："吴老师，你的方法真灵！"

就这样，吴老师总是将自己研究的教育经验悉数传授给年轻的教师，他们不仅跟着吴老师学到了很多教学理论，更被吴老师无私的教学精神所感染而欣然效仿；而这些教师在无意中流露出的高尚情操又感染了一个又一个学生，使学生也欣然追随。

人格的力量是伟大的，教师应该用自己人格中无私奉献的胸怀和伟大、高尚的人格去感化、熏陶学生，并使之成为学生成功道路上的指路明灯。

我们每个教师也是人类社会中的一个"细胞"，虽然渺小卑微、力量绵薄，但是也要有海纳百川的志向，不要为了名誉和地位而教书育人，那样做只会玷污你的人格。

请努力修正自己的行为，无私奉献、淡泊名利，向你的学生、向世界上所有的人展示你的人格魅力吧！

人格魅力就是感召力，有人格魅力的教师一定能赢得学生的心。

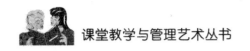

上坡时，别忘了推他一把

人的一生就好比是走一条路。遇到困难时，就是这条路有了坡，困难愈大，其坡度就愈陡、愈险了。

自莘莘学子踏入校门伊始，就注定了这是一条要付出汗水甚至洒下泪水的路。走这样的路，最容易生出懈怠之心，时不时会生出换条路，甚至走走下坡路的想法。

作为一个有人格魅力的教师，我们必须认真帮助学生渡过难关，在他上坡时，用力推他一把。这样的教师自然会赢得人心。

安徽师范大学附属中学张大水老师在教坛颇有知名度。他从教十多年，每次接手新的班级，都要认真细致地阅读学生学籍表，记住学生的相貌，尽可能多地了解学生的情况。与学生见面时，张大水都能基本正确地叫出学生的姓名，说出他们的大致情况。

平时，张大水坚持换位思考，坚持设身处地地为学生着想，坚持以平等的身份对学生进行教育。久而久之，学生与他无话不谈，视他为朋友、家人。而对于一些情况特殊的学生，张大水常常予以特别的关爱。

曾经有一位名叫王娴的学生，学习成绩一直不错，在全年级排在前10名，是一位难得的好学生。

可是，忽然有一段时间，张大水发现王娴有些不对劲，以前在课堂上挺活跃的她，现在总是"沉默是金"，很少发言，还老是走神。

慢慢地，王娴的学习越来越差，甚至有几次连作业也没按时交上来。

特别是四月末的考试，王娴居然有两门课不及格，而在以前的考试中，王娴的这两门课成绩从来没低过90分。不仅如此，据别的教师反映，有好几次上课都没发现王娴的身影。甚至王娴还曾和同学私下谈心时，表示过有退学的打算。

"奇怪，这可是少有的事啊！"张大水暗想，"出什么事了？要知道现在正处于初中三年最关键的一年——初二，如果这个时候掉队，那王娴以后的人生路可就难走多了。"

张大水经过多方了解，才知道：前阵子，王娴的父亲患癌症去世了。

张大水万分自责，深恨自己了解得太晚。现在，面对这个缺少父爱的学生，为了弥补她的遗憾，张大水决定尝试一下。

他将王娴叫到办公室，说道："我是你的老师，但是我希望从今以后，你能把我当成你的父亲一样看待，有什么话、有什么困难，请千万要跟我讲。作为班主任，我愿意在学习上、生活上、经济上给予你全面的支持。我会把你当成我自己的亲闺女一样看待的。"

王娴惊讶地看着张大水，她几乎不相信自己听到的话。

张大水叹了口气，道："我之所以要这么做，只是希望你不光在过去和现在叫我老师，我还希望在将来，你离开学校后，还能叫我一声老师！"

王娴的眼泪立马如开闸的水一般，冲了出来。

这之后，王大水几乎每个星期都要找她谈心，在学习上予以指导，在生活上予以关照，使王娴终于调整好了自己的心态，将全部精力都投入学习，并以高分顺利考入高中，其后又以高分考入中国科技大学。

直到今天，王娴还经常以"学生女儿"的名义给张大水写信，以表达她对这位比父亲还要亲的师长的感激和热爱。

在信中，王娴写道："正是由于张老师的关爱和帮助，才使我最终战胜了困难，并从困难中走了出来。如果说，是父亲的去世使我跌入了人生的低谷的话，那么扶着我爬起来，并一步一步地从背后推着我迈过这道艰险的陡坡的，就是我敬爱的张老师！"

对于一个十来岁的稚嫩少女来说，父亲去世当然是个极大的打击。

大多数教师面对学生这种信心丧失的情形，往往会来一次"疾风暴雨"般的严厉教导，或三令五申，或苦口婆心一番。但实际上，这些方法作用并不大。他们反而会认为教师只知管教却不懂人情，不懂他们的苦衷。

于是，表面上你那一阵疾风暴雨把他的"火苗"熄灭了，一转身却又来一阵风，那根植于学生心底深处的错误的想法和做法会来个"死灰复燃"。

其实，学生也想前进，也想学会坚韧，但他们却又偏偏在稚嫩中夹生着青春少年特有的叛逆和个性。他们不喜欢教师粗暴的教育方法，但却理解教师，从理论上知道教师这么做是对的，但从感情上他们却接受不了。

从这点上分析，我们可以得出这么一个结论：如果你想让那些处于矛盾中的学生回心转意，你就得在与他们沟通时做到人情人理，做到体贴细微，做到他上坡时，你必须用力推一把而不是只顾在旁边高声喊叫"加油"。案例中的张大水"几乎每个星期都要找她谈心，在学习上予以指导，在生活上予以关照就是明证。

有人说过，距太阳越近，流汗就越多。当学生感到苦和累的时候，那是因为他正在走上坡路。作为教师，我们应当高兴，高兴他们没有完全地沉沦！

上坡的路，毕竟风太大，学生选择走这条路，注定会有飘浮的感觉。但学生偶尔的迷失却并不可怕，最可怕的我们不能及时地给他一个助推。

只有了解才有理解

我们都知道一句话叫：理解万岁。怎样才能理解？那得先有了解。著名教育家乌申斯基说："教师希望从一切方面去教育人，就必须首先从一切方面去了解人。"的确，育人先知己，了解、研究学生，走进学生的心灵深处，这是教育好学生的前提。那么，你了解你的学生吗？

在数学课上，王老师又批评了我。

错了，我今天真的错了，我不应该在数学课上写物理作业，不应该对老师不尊重，可老师您想过吗？我们为什么在上课时间不好好听您讲课呢？您想过我们这些成绩不好的学生的苦衷吗？在这里，我敞开心扉给您谈谈吧。

先说排座位吧。我们成绩不好的学生都坐在最后几排，这多么像"金字塔"式的等级制度啊！成绩好的学生高高在上，成绩差的学生被压在塔底，悲观、忧愁罩着我们，还怎能激发我们的学习积极性呢？不过，我们的确努力了，就像登山者一样吃力地沿着这座"金字塔"向上爬，它是那样的陡，那样的险。爬呀爬，我们爬得好累呀！多么需要帮助，哪怕有一根拐杖也好啊！

课堂上，被提问的机会几乎没有我们的份，那是"塔尖顶"上人的"专利"。老师，当您听着他们流利的回答而微笑时，您是否注意到我们那失望的表情。

的确是这样，我们当中的某一个同学偶尔来点"兴趣"，用期盼的目光望着您，想要问您一个问题时，您只是用目光一扫而过，似乎没有看见，于是这个同学刚刚燃起的一丝求知的火花，便被您旁若无人的目光给浇灭了。

老师，我们这些学生，虽然成绩差，可是我们每个人都有理想、信念和追求，我们也都想学好，这一点和那些成绩好的同学一样，这需要我们的努力，更需要老师您的理解与尊重，最重要的是我们每一个人都要有一颗很强的自尊心。老师，您就不能换个角度重新认识我们吗？

老师，我不仅向您敞开心扉谈了心里话，还要代表成绩不好的学生向您发出呼吁，把师爱平均分给每一个同学吧！

往往教育的方法失灵，恰是由于教师对这些学生心理状态的不理解。有位教师说："在漫长的 30 年班主任工作中，我之所以能做到无失误，主要基于下面两点。第一，深知每个学生的思想、性格和一贯表现，能够在一贯中见反常，及时发现问题，当然这要靠一个'勤'字。第二，掌握立体思维方式，多角度、多层次地进行思维，遇事能做出准确判断，这靠的是一个'思'字。两点中更应强调的是第二点。"魏书生老师也说："心灵的大门不容易叩开，可是一旦叩开了，走入学生心灵世界中去，就会发现那是一个广阔而又迷人的新天地，许多百思不得其解的教育难题，都会在那里找到答案。"这都启示我们教师必须要注重了解学生。

1. 了解是理解的前提

许多教师之所以做不通学生的思想工作，其中一个重要原因就是不能正确地理解学生，而不能理解学生的一个重要原因就是缺少对学生的了解。例如，关于学生的厌学，许多教师不甚理解，可是如果你能对学生的学习生活负担做一下了解，然后设身处地去想一想，这样你也许就会理解他们。下面这一位中学生写给某杂志的一篇稿子便能反映出一些心声。读了下面这篇稿子，教师也就容易理解在应试教育下学生的苦衷了。

一到星期五，同学们个个都兴高采烈，希望利用双休日做些自己喜欢的事情，调节一下身心。可是班主任的一声"星期六补课"好似一盆凉水把我们炽热的心浇凉、浇透。沉闷的教室，一双双烦闷、忧虑的眼睛漠然无神，一颗颗渴盼的心早已随着阳光、伴着微风飞向那鸟语花香，投入令人神往的大自然了。可是，为了通过考试，又不得不硬着头皮听课，然后再无奈地接受堆如小山的习题和作业，那情景，真有一种"身在曹营心在汉"的感觉。

给我一个自由的空间，给我一个完整的双休日，给我一缕灿烂的阳光和一股清新的晨风吧。老师、家长，请做我人生的引路人，而不是"赶羊人"。

可怜的双休日，被无情地剥夺了一天。离开校门，回到家里，满以为这下可以好好休息一下了。却没想到接下来又是家长的任务：英语、数学、绘画、音乐、书法……又是家教教师，又是上假日培训班，时间排得满满的，根本没有喘息的机会。偶尔在饭后、睡觉前偷看几本课外书，看几眼电视节目，被父母发现，没收课外书不算，又是一大串教训人的话压得你喘不过气来。

唉！做个学生真不容易。

"一个家长＋一个老师＝一张天罗地网"，这种说法虽属夸张，但家长和老师无形之中确实束缚了我们下一代人的成长，使得他们如笼中之鸟，远离了欢笑，远离了大自然，生活失去了应有的那份色彩。长此以往，势必会影响他们身心各方面的正常发展。

2. 只有了解才能尊重

尊重、信任学生是班主任做好学生思想工作的必要前提，"知之深、爱之切"！但是，为什么有时教师不能尊重和信任学生呢？这是因为教师缺乏对学生必要的了解，不知学生的难处是什么、想的是什么，总愿意将自己的主观意愿强加给学生。这就会造成师生之间的矛盾，教育效果并不佳。

有一位"很负责"的教师，每天早来晚走地看着学生。规定了许多"不准"，甚至包括开新年晚会做击鼓传花的游戏时也不准笑，上课不准提不同的见解，他还用了互相监督的方法检查"不准"的落实情况。结果呢？这个班级纪律似乎被"治"好了，可全班的学习成绩和体育比赛成绩却不断下降，学生对他意见很大。为什么事与愿违？根本原因在于他太不了解学生，他不了解学生好奇、好动、好玩、好积极思维的特点，而用成年人的习惯去约束十四五岁的学生，结果当然适得其反。有的教师总结说:"我们教育工作中的每一次失败、烦恼、痛苦,追根寻源都和不了解学生联系着。"

3. 只有了解才能正确施教

农民种好地须知土壤、肥料、种子、气候;园丁养花要知花的习性;医生看病须先诊出病因。同理,班主任要管理好班级、培育好每个学生,也必须要了解每个学生,《孙子兵法》中讲:"知彼知己,百战不殆;不知彼而知己,一胜一负;不知彼不知己,每战必殆。"既了解敌人,又了解自己,百战都不会有任何危险;虽然不了解敌人,但了解自己,那么有时能胜利,有时会失败;既不了解敌人,又不了解自己,那么每次用兵都会有危险的。当然,这里并不是要把学生当作敌人来看待,而是说教师要取得教育学生的成功就必须要知彼——了解学生。

孔子教育学生卓有成效,重要原因之一在于他对学生的性格特点、思想状况了如指掌,在知人的基础上因材施教、因势利导。纵观古今中外,凡是有成就的教育家,都有一个共同特点:有知人之明。能察觉学生思想深处的奥秘,触摸学生感情的脉搏。因为对学生了解,所以制订的教育计划也就容易被学生接受,效果也是好的。

那么,教师应该了解学生的哪些方面?又该如何去了解呢?

根据无数的成功经验,我们应该做到:

(1)了解学生的年龄特点。正确了解和把握学生的年龄特点,有助于提高工作的针对性、科学性和预见性。实践证明:教育的方式和手段及相应的教育工作计划都必须随着学生的年龄而变化。许多班主任都知道,我们在初中教育学生进行得顺利的方法,不一定会激起高一年级学生的热情,而对高二、高三年级的学生有时甚至完全不能适用,这就要求班主任了解学生在这一年龄阶段所形成的一般的、典型的、本质的特征,拟出适合学生年龄的教育内容和方法,以促使其达到应有的能力水平,并预见未来的发展趋势,引导学生向更高一级的心理水平发展。因此,了解学生的年龄特点,是教育教学工作的出发点。

(2)了解学生的家庭情况。了解学生的家庭情况,可以帮助班主任找出比较正确的教育方法,更好地发挥家长的配合作用。它包括了解家长的政治情况、经济情况、婚姻情况、文化程度、职业情况、对子女的期望值、家庭中的权威人物、学生在家庭中的地位等。因为，这一切都可能在学生的个性形成上留下痕迹，在一定程度上影响其性格和行为的发展，所以班主任通过这些了解，就能协调家庭教育步骤，指导家庭教育方法，改变家庭教育环境，提高家庭教育水平，使之与学校教育形成合力。

（3）了解学生的人际交往情况。了解学生的人际交往情况，包括了解他们的师生关系、同学关系、朋友关系和家庭的亲子关系等。通过了解，班主任可以指导学生追求人际美的最高境界，在人际交往中表现出热情、友好、诚恳、宽容等良好的精神风貌，清除自私、妒忌、狭隘的心理，培养学生为他人的进步而高兴的道德情操，建立起积极健康、和谐的人际关系。其中，特别要帮助他们建立起健康的同学关系。

（4）了解学生的个性特征。班主任了解学生的个性特征，对班集体的管理、学生的健康成长有重要的意义。它包括了解学生的兴趣爱好、愿望要求、性格特点、气质特征等。比如，班主任可以通过对学生兴趣爱好的了解，帮助学生在现有基础上培养新的兴趣爱好，引导他们做德、智、体、美全面发展的人才。尤其在学生的各种兴趣爱好中，注重对其学习兴趣的培养，对他们学好功课有很大帮助。事实上，像安排学生座位这样的事，看起来无关紧要，如果班主任对学生气质、性格有所了解，让好动的多血质学生与安静的粘液质学生坐在一起，让孤僻、内向的学生和不守纪律的学生坐在前面，使教师时刻加以注意，这对教与学会大有裨益。

（5）了解学生的学习情况和思维特点。了解学生的学习情况，包括学习目的、学习态度、学习方法、学习习惯、学习能力及智力发展的状况、各科学习成绩与原有基础、完成作业情况等。通过了解，分析班级学生成绩存在问题的主要矛盾在哪里，学生个人学习上存在问题的主要原因是什么，以便有效地对学生进行指导。了解学生的思维特点，包括思维品质、思维过程、思维的基本特征等。班主任对学生的学习情况和思维特点的了解，是引导其学好功课的必要条件，对这些情况掌握得越清楚，工作就越主动，针对性就越强，教育才能收到实效。

（6）了解学生的健康状态。如果班主任想把班上的教育、教学工作做得更好，要准确地提出学生力所能及的要求，就应了解他们的健康状况。世界卫生组织关于健康的定义为："健康不仅指一个人没有残缺和疾病，而且指一个人有良好的身体、精神和社会适应能力。"由此可见，了解学生的健康状态，不仅包括了解学生的体质和身体发育情况，还有学生的心理健康状况，等等。通过了解，班主任才能根据学生的现有状况，有组织、有计划地安排活动，对学生进行心理健康教育，提高其心理素质，促进他们的全面发展。

（7）了解学生的行为特点及品德表现。了解学生的行为特点及思想品德状况是班主任的任务之一，包括学生对国际、国内发生的重大事件有没有正确的评价、有无远大的理想、参加集体活动的情况、对待劳动的态度、曾受过什么奖励和处分等。通过了解，班主任可以有针对性地制订教育工作计划，采取有效的教育措施，提高学生的思想品德修养。

学生思想、行为表现及原因的复杂性，决定了了解方法的多样性，教师在实际工作中要注意多种方法的有机结合。常用的方法有：观察法、谈话法、调查法、书面材料研究法、个案分析法、社会测量法、问卷法等。在这里着重介绍前四种方法。

观察法是人们在自然（不加控制）的条件下，有目的、有计划地对客观现象进行直接感知和观察的一种方法，它是分析了解学生最基本的方法。班主任要有效地进行观察，需注意以下几点。第一，要事先制订计划，明确观察目的、重点。例如：在课堂上重点观察学生的学习兴趣、注意力、积极性和主动性；在各种活动中观察学生的思想觉悟、集体荣誉感、克服困难的意志品质、组织领导能力等。第二，利用一切可以与学生接触的机会进行观察。班主任要经常深入学生的学习、劳动、课外活动，与学生打成一片，以便获得大量丰富的材料。第三，要坚持观察的真实性和客观性。观察应在自然状态下进行，以便获得真实情况；观察应不带任何偏见，不能把主观推测和客观事实混淆起来。第四，观察学生要长期坚持下去，因为同样的思想可以通过不同的言行表现出来，如果草率得出结论，会对学生的行为产生错误的理解，得出不准确的判断。

谈话法是班主任了解学生、教育学生的重要方法。通过和学生、班干部面对面的交谈。可以深入地了解他们的情况。例如，与学生谈他们所知的电影、歌曲、书籍等，可以了解他们的兴趣、爱好和观点，而且这种面对面的交谈。有时还可以看出学生的个性。运用谈话法应注意以下几点。第一，谈话前要做好充分的准备，认真考虑谈话的时间、地点、方式、目的、内容等，做到心中有数。第二，谈话应把了解学生和教育学生结合起来：一方面，要注意倾听学生的意见；另一方面，要针对学生的实际情况，启发、引导学生，把了解的过程也作为一个教育的过程，可以有目的地向学生提出某个问题，让学生谈出自己的看法，然后加以指导，做到边了解边教育。第三，要创造自然和谐的谈话环境。谈话的态度要亲切诚恳，使学生愿意敞开心扉，这是能否了解真实情况，使谈话有效进行的重要因素。

调查法是班主任通过对知情者的调查访问，从各个侧面直接或间接了解学生的一种方法。这种方法除听取班干部和同学反映外，还可以向其他教师、学生家长及以前的教师、学校调查，然后得出结论。通常，进行调查的方式有开座谈会、访问、问卷调查等。比如，开座谈会，可以召集不同类型的代表人物对某个问题进行讨论。这种调查方式，可以广泛听取大家的意见，互相启发、补充、印证，在较短时间内获得比较全面的材料。

书面材料研究法是了解学生及班级的历史与现状的重要方法。它主要包括两个方面：一是对现有的、能反映学生情况的各种资料的研究，如学生档案、成绩单、操行评语、班务日志、作业本、试卷等；二是对学生的作品进行分析研究，了解学生的内心世界，可以布置写日记、周记、命题作文等。

对这些书面材料进行分析，班主任可以知道很多事情，如学生的思想动态、书面语言、能力、理想、兴趣、爱好等都有可能在文章里表现出来。分析后，教师应对这些材料及时整理归纳和长期积累，做到妥善保管。

总之，没有了解就没有理解。教师只有在充分了解的基础上去理解学生，才能赢得学生的心，成为学生的知心人。

成为学生需要的人

需要你，才离不开你；需要你，才容易和你成为知心人。要想赢得学生的心，教师就要努力成为学生需要的人。

我们不妨先来看几个教育片段。

片段一：

为学生申辩

教了好多年书的七十九中的温淑华老师现在正在学习一种所有教师从未教过她的本事，为学生申辩。

一个学生被叫进办公室谈话，就算教师说的全对，学生就没有申辩的权利吗？在体育课上，一个学生动作不规范，教师纠正了他，他觉得丢了面子，在教师转身时做鬼脸，心理平衡一下，不料教师一回头看了个正着，勃然大怒，把这个学生叫到办公室，一顿训斥。班主任为挽回教师的面子拿起电话请家长，这个学生一步跨前扯断了电话线。又犯了破坏公物的错误。

可温老师认为这个学生不是一点理都不占。做鬼脸不对，可教师推扯他也欠妥。扯断电话线的潜台词是央求教师不要向家长告状，虽然损坏了公物，但是可以原谅。

片段二：

拿着放大镜找学生优点

六十五中初二年级一班的李春英老师让她班上的学生记录她一天里发表的表扬和批评，结果她自己吃了一惊：十五条批评，五条表扬。她想，如果学生换成我，整天坐在这样气氛的班级里，我能有劲头吗？于是，她开始每天细细地寻找学生身上的优点，并且给全班同学规定了一个任务，每天讲出三件你发现的好人好事，哪怕是很小的事情。

从此，值周班长写班日志时表扬多了。李老师说，当大家发现别人优点的同时，也就教育了他们自己。

片段三：

允许学生迟到不必喊报告

郝月双老师是二十二中初二的政治老师，去年才毕业开始当教师。对于学生迟到必须喊报告，经过教师允许才能进教室，她有自己的想法。不声不响地，她开始向习惯挑战了。

从上学期开始，她对她教的五个班的学生宣布：凡是上我的课，迟到了不必喊报告，推门安静地走回自己的座位就行了。

她认为，喊报告有两个弊病：第一，胆子小的同学往往在门外站很长时间，有的同学甚至因为不愿意喊报告，不愿意在众目睽睽之下进教室，迟到了索性就放弃一堂课；第二，学生的"报告"和教师的"请进"都必须足够大声，对于自己班级和旁边班级的教学都有避免不了的干扰，为了惩罚一个迟到的学生而影响很多人，太不划算。

实行了这个免于报告的"政策"后，郝老师发现她的课上迟到的人数并没有增加。那些静悄悄走进教室的迟到学生，都会从她那里得到一个责备的眼神，老老实实赶紧坐下听课，而且下课时都会给她一个说法。她还得到了意外的收获：学生开始喜欢上她的课了，说她的课让他们心里轻松。

片段四：

每天给学生五分钟说话的时间

李子是东城工读学校的心理辅导教师。她发现，学生特别愿意找她聊天，这和她在原来的学校做心理教师时不一样。那里的学生找心理教师都是悄悄地，不愿意别人尤其是熟人看见，可这里的学生大摇大摆，有时候还成群结队地找她聊天，一聊就是很长时间。从和他们的聊天中她知道，这些学生往往从小没有养成好习惯，班级里一发生点坏事，教师首先想到可能是他们做的。挨批评的时候，也没人肯听他们的申辩。时间长了，就很少有人正经倾听过他们的心里话。

李老师给班主任提了个建议：每天晚自习的时候，让每个学生在师生面前讲话五分钟，说什么都行。

学生可喜欢这个五分钟了，他们谈论学校的伙食，谈论教师的讲课水平，谈论和同学的关系，甚至谈论他们的家长。班主任发现，学生一旦站在全班面前说话，用词也不那么不礼貌了。食堂的秩序好了，学生上自习安静了。

片段五：
为学生的质疑精神请命

付继军是大甜水井小学的语文教师。有一篇叫做《海滨仲夏夜》的课文，他上学的时候学过，现在他又教他的学生。那是作家峻青写的，他从来没想过作家也会出错。当他的学生穆晨晨举起手来说："我认为第二自然段写得有问题，傍晚的时候怎么会有启明星呢？"他一下愣了。但他仍然鼓励了穆晨晨，并动员了全班同学回去查资料证实这个问题。学生查来的答案很明确：夜晚出现在西方天空的叫长庚星，日出前出现在东方天空的叫启明星，它们是金星的不同叫法。他还鼓励穆晨晨向有关专家反映。这学期开学不久，他的学生发现，新的六年级语文书里把峻青的错误改过来了。但是，已经升入初一的穆晨晨也告诉他，初一语文书里的《海滨仲夏夜》还没改过来，他要继续质疑。

付继军老师认为，从这次语文课本纠错和再纠错中，有很多值得教育工作者深思的东西。他反思自己从什么时候变成了一个谨小慎微、循规蹈矩的人。小学的时候他的教师让用"沿"字组词，不想落入俗套的他组了个"沿革"，教师打了个大红叉，旁边写了个"严格"，还训了他一顿。从此，付继军成了一个不敢提问的人。

所幸，他比他的教师宽容和尊重学生，他的学生才没有被压制。

付继军老师在 11 月 24 日"尊重教育"观摩大会的发言中为学生请命：鼓励学生质疑，解放每一个学生的头脑。他说他有一个梦想，希望教师培养的学生不是一个句号，而是一个永远的问号。

看了这几个教育片段，我感叹颇多。

以心灵去碰撞心灵，以感情去赢得感情，有多少愿意和你站在一起的学生。就有多少喜欢你的学生。

会为学生申辩的教师，是学生心目中的绿荫，教师宽和而不褊狭，尤其在学生遭遇风雨的时候，会对教师产生信赖；拿着放大镜找学生优点的教师，是学生心目中快乐的蜜蜂，在教师眼中，所有的学生都是艳丽的花朵，他们的自然绽放就是教师收获的甜蜜；允许学生迟到不必喊报告的教师，是学生心目中的一泓清澈的湖水，他们一旦接受了教师的宽容，马上就会发现，他们已离不开教师的滋养；每天给学生五分钟说话时间的教师，是学生心目中民主的驿站，当他们在劳累的学习之旅中寻找休憩空间的时候，教师给他们递茶倒水，还教会了他们如何敞开心扉地活着；为学生的质疑精神请命的教师，是学生心目中登高寻远的拐杖，他们靠着教师的支撑向理想之地进发，一路上领略一处处壮美的人生风景……

绿荫是小鸟的需要，蜜蜂是花朵的需要，湖水是鱼儿的需要，驿站是交流的需要，拐杖是远行的需要。做一名学生需要的教师吧，只有他觉得需要你，他才会喜欢你；只有他喜欢你，他才会走近你。

倾听学生的心声

教育心理学有一个观点叫：要善于倾听学生的诉说，通过倾听走进学生的心灵。我对此的理解是，所谓"通过倾听走进学生的心灵"，意思是说，只有耐心地倾听才能赢得学生的信任，并通过倾听了解学生的想法，进而给他提供有效的帮助。在这里，倾听是一种手段，目的是赢得信任、了解情况、提供帮助。

但是，倾听并不仅仅是手段，有时候也是目的。往往有这种情况，学生来找教师，并不一定非要教师给他具体的帮助不可，他只是想把教师当作一个倾听对象，排遣一下心中的苦闷而已。

课间，办公室的门被推开了，进来了一个小姑娘。她有些羞涩但也不失大方地问我："李老师，您是初一年级十三班的副班主任吗？"

我说："是呀！"现在我虽然身为校长，但在两个班担任了副班主任，主要任务是和学生谈心。

她说："我现在面临一个困难，想找您谈谈。"她一本正经，俨然一个小大人。

我说："好呀，你有什么困难。"我放下手中的课文，专注地看着她。

可是她却犹豫了，停了好一会儿不说话。

我问："怎么不说了？有什么顾虑吗？"

她说："我怕，我怕人家说我打小报告。"

我笑了："别怕。有什么尽管说。我会为你保密的。"

听了我的话，她终于说了："刚才上体育课，几个同学说我坏话，很难听的坏话。我很难受……"说到这里，她说不下去了，眼眶蓄满泪水。

我说："别着急，慢慢说。"

她于是给我详细地说了那个同学是怎样讲她的。我问她，那个同学为什么要这样呢？她说，前段时间她和一个同学闹矛盾，这个同学便四处说她的坏话，挑拨离间，所以好多同学也都跟着那个同学说她的坏话。她滔滔不绝地给我说了很长时间，很激动的样子，脸都涨红了。

她说完以后，我说："我去找那个同学谈谈，好吗？"

"不！"她摇摇头。

我问："为什么？"

"如果您去找她，她会说我找校长告状，更加会骂我的。"

我又问："那你找我干什么呢？你需要我帮什么忙呢？"

她说："不需要您帮忙，我就想和您谈谈，我觉得您是一个好老师，我说出来心里好受些。现在我心里已经不那么难受了。"

那一刻，我很感动。

我说："这样好不好？我抽时间去你们班上给同学讲讲尊重别人的道理。"

她说："好的。但您不要点名批评那几个同学。"

我答应了她："好的。我不点名，只说不尊重同学的现象。"

"好的。谢谢李老师！"说完，她走了。

这次谈话，教师主要是在倾听学生诉说。这种谈话绝不能只是教师一人的"苦口婆心"或"语重心长"，而应该是尽量让学生诉说、倾吐，教师则当听众。心理学认为，一个人将悲伤、委屈、苦闷等抑郁之情通过向自己信任的人诉说而合理地发泄出来，可求得心理平衡，保持心理健康。因此，以倾听为主要目的的个别谈话应引导、鼓励学生一吐为快。学生通过倾诉，把内心深处的困惑、焦虑、积郁、愤懑、悲伤等表达出来，教师则以诚恳的态度仔细聆听，并通过眼神、点头、蹙眉等体态语言告诉学生："我是理解你的，你也完全可以信任我，我愿意分担你的一切苦闷！"从而使学生无所顾忌地继续讲下去。

"倾听"往往被当作"听见"，这是一种误解。"倾听"的"倾"不仅包含"真诚"的含义，还有"细心""专注"的意思，这就绝不仅仅是用耳朵听其音，还包括用脑子辨其义。常常说班主任要"学会倾听"，那么怎样才算"学会倾听"呢？一般来说，"学会倾听"至少有两层意思。一是出于一种礼貌或者说对诉说者的尊重，在听别人说话的时候，要用心、细心、耐心，就是不要武断地打断学生的诉说。这是教育者应有的起码的修养。二是要"会听"，所谓"会"就是要善于边听边想，思考别人说的话的意思，能记住别人讲话的重点和要点，或者一边听一边分析，通过"前言"推出"后语"，通过谈吐洞察内心。这是一种技巧，更是一种教育的智慧。

曾有一位高一学生在作业本后面写了一句话："李老师，最近我很郁闷，想找你聊聊。"得到这样的请求，对我来说是一种幸福——作为教师，能够得到学生的真诚信任当然是一种幸福。于是，下午放学后，我请她到我办公室："有什么需要我帮助的？"

她说，最近上课心不在焉，总不能集中精力，莫名其妙地心烦意乱，也不知是什么原因。我问是不是最近遇到什么困难了，她说没有明显的困难。我又问是不是和同学或者家长闹别扭了，她说也不是。我问："那究竟是为什么呢？"

她苦笑了："我也不知道。所以我才找您聊，想请您帮我分析一下原因。"这把我难住了，一时说不出话。

她接着说："总觉得心里有事儿，但说不出来，上课常常发呆，下课又后悔，晚上有时候还失眠。"

那一刻，我真感到有些无奈，因为我不知道究竟是什么原因造成了她的烦恼。但有一点我很明确，她的确有着自己也说不出原因的烦恼，她找我倒未必是要我一定给她分析出原因，更多的是想找个信任的人倾诉而已。于是，我决定放弃追问原因，就和她随意聊聊，说不定在她放松聊天的过程中，我能够有所发现。

可是，从哪儿开始引导她畅所欲言呢？她刚才说到"失眠"，我打算就从这切入，把话题拓展开去。我说："哦，我的睡眠也不好，也是从高中开始就失眠了。我当时失眠是因为我在外地读书，很不适应环境，而且想家。"这是一个远离家乡长期住校的学生，我不动声色地想引起她的共鸣。

但她却并未产生我期待的"共鸣"，而是说："我倒不十分想家，因为我初中就开始住校了。再说，进了高中我感觉这个班也挺好的。"

我顺势抛出一个很大的话题："好在什么地方呀？进高中已经快一学期了，都有哪些感觉呀？"

她终于开始滔滔不绝地和我谈了一学期以来的高中生活，我基本上没有插话，但一直非常专注地捕捉她话语中的信息。她谈到上高中后学习难度的陡然增加，谈到寝室里的同学的互相帮助，谈到高中各位教师和初中教师的不同，谈到在运动会和歌咏比赛时所感到的集体荣誉感，谈到我们班那次秋游去峨眉山给她留下的难忘印象……在她忘情地谈论这一切的过程中，我发现在这些似乎不相关的生活片断中，有一个男生几乎始终贯穿其中，就是她的同桌，我班的学习委员。每次谈到他，她都特别兴奋。这里面会不会有什么别样的东西？我想。

但我依然不动声色，目不转睛地看着她，听她继续滔滔不绝。也许她并没有意识到自己的"失言"，不知不觉同时也是自然而然地暴露了自己可能都没有清醒意识到的"秘密"。

凭着我多年的经验和对她的了解，现在我基本上可以确定，她正被自己也说不清的某种情感所困扰。青春期的少女，陷入了这样的情感，上课怎不心不在焉？夜晚怎不辗转反侧？

要不要给她挑明，然后予以引导？我在心里盘算着，犹豫着。

这种情况可能是许多班主任常常遇到的难题。解决这个难题的条件是，要看班主任和具体学生的信任度究竟达到了怎样的程度？如果学生对班主任没有足够的信任，而只是一般的关系，我的观点是班主任最好不要挑明，否则可能达不到应有的效果，相反会让学生很尴尬。但如果班主任和该生已经有了高度的信任感，那就不妨像朋友一般坦诚相见。

当时我选择了后者。因为我感觉，这个学生从开学以来，对我都很信任，常常找我聊天，还曾给我写信倾诉她的苦恼；而且这次也是主动约我谈心。我应该用自己的真诚回报她对我的真诚。

我和她谈了很久，应该说我引导得比较顺利，再后来这个女生发展得很好。我举这个例子，主要是想展示一下，怎样才是"倾听"。

当然，并不是每一名学生都能信任教师并倾诉内心的苦闷，有时由于某种原因，他们不一定愿意直接袒露内心世界，这时班主任应善于从学生的神态或只言片语中，推测出学生的真正想法。

有一个男生经常和别人打架，有时候是他主动去打别人。一次，他被德育主任领到我的办公室，据德育主任说他又在操场欺负人了。德育主任走了之后，我让他坐下，问："你有什么要说的？"

凭我的感觉，这个男生对我没有多大的信任感，常常对我很抵触。因此，听了我的话，他看了我一眼，气冲冲地说了一句："我有什么好说的！"然后，不屑地把头偏向一边。从他的话和表情中，我感到他可能误解了我的意思。我问"你有什么要说的"，他理解为质问，认为我在批评他："欺负同学，被现场抓获，你还有什么好说的！"

于是，我平静而略带温和地追问了一句："也许你打人是有原因的，说不定你还有道理，不妨说出来，让我了解一下。"

听了我这话，他把头转过来，似乎有些吃惊地看着我。

我继续说："是的，我真心想听听你的解释。"

火山爆发一般，他开始发泄了。我说他是"发泄"，一点不夸张。当时他的语速很快，情绪激动，说了很多很多。有对事件经过的陈述，有对自己的辩解（当然有合理的因素），更有对教师（包括我）的不满……他明显是站在他的角度上看问题，很偏激，很片面，但是很真诚，而且有的话说得很对，包括对我的抱怨，比如："我欺负过一次同学，结果以后凡是我和别人打架都是我不对，都是我在欺负别人。你们老师就是这样对我有偏见！"

我一直很冷静，他在说，我在想——这里的"想"包括我的反思与自责。那次和他的谈心相当成功。他心悦诚服地接受了我的教育，我也真诚坦荡地接受了他的批评。后来，我和他深厚的情感和高度的信任，就是从那次谈心——严格地说，是我的"倾听"开始的。

前面说过，善于倾听是一种教育智慧，这里我还要说，这更是一种教育艺术。从某种意义上讲，让学生倾诉而教师耐心倾听（包括听学生对自己的抱怨），这本身就是有效的心灵引导。"此时无声胜有声"，一切尽在不言中。学会倾听学生的心声，就会赢得学生的心。

成为学生信赖的朋友

"如果教师希望走进学生的心灵，赢得他们的真诚，那就试着做他们的朋友吧。"这是一位教师朋友对我说的。

她是这么说的，也是这么做的。

下面这个故事就是她的亲身亲历。

"洋洋，今天放学后，老师和你一起走。"

"为什么？"

"很久没和你妈妈联系了，我想利用今天这个机会和你妈妈好好谈谈。你欢迎我去吗？"

"去就去呗。老师告状我见多了！"说完，他气鼓鼓地整理书包去了。

看着这个小男生的背影，我不禁想起了下午发生的事：

"宋老师，洋洋在美术课上打架了！""老师，洋洋今天在课上骂我了。""老师……"天哪！都是洋洋。提起洋洋，他在我们学校可是小有名气，众人给他的评价是：聪明，有一张能说会道的嘴，蛮横……诸如此类的词语一个又一个。这不，短短一个下午，关于他的投诉不下五个。

回到办公室，我仔细回想今天下午发生的事：由于洋洋中午没有抓紧时间改正作业，我找他谈了会儿话，但没有掌握好时间，他去上美术课时晚了，没能坐在好朋友的身边，又挨了教师的批评，心里憋着一肚子的气。而他又是个冲动的孩子，不会调整自己的情绪，于是不断地惹是生非来发泄自己糟糕的情绪。

放学后，我和洋洋走在路上，有意不提下午发生的事，而是东拉西扯地聊着，可他只当听众，难得回应我的话。闲聊一阵后，我发现他的情绪稍有缓和，于是我诚恳地说："洋洋，今天下午你闹了

191

那么多事，宋老师也有责任……"洋洋抬起头，看着我，一脸的疑惑。我继续说："要不是我和你谈话没掌握好时间，你上课也就不会迟到了，也就不会被老师批评了，更不会出那么多事了。对不起啊，洋洋。"我感觉到他的脚步停了一下，眼中原有的固执、戒备不见了，脸部的线条也柔和多了。接着话也多了，主动说了自己在原来学校的一些遭遇，讲了对班级同学、学校教师的看法。现在轮到我做听众，耐心地听着。从他的话中，我发现这是个非常聪明的孩子，观察能力强，性格外向，对事情常有独到的见解，只是不知如何表达、如何与人沟通，所以常常说错话。很多时候，事情就坏在那张嘴和糟糕的态度上。同时，我也了解到他父母从教师处得到最多的是"告状"，普通的"家访"他们的确是见多了。

见了洋洋的妈妈，该说些什么呢？在洋洋按响门铃的那刻，我做出了决定。

进了屋，洋洋表现得非常积极，主动把我带进客厅，又倒茶，又递靠垫。当我和他母亲打算开始谈话时，他却迟迟不离开，躲在门口。见状，我一改和家长沟通时先请学生回避的习惯，邀请他坐下参加我们的谈话。

"是不是洋洋在学校里又出什么事了？"洋洋的母亲紧张地问。"不，不，您别紧张。好久没和您联络了，今天正好有空，就过来了。您不会不欢迎吧？"就这样，我们的谈话在轻松的气氛中开始了。

我首先把洋洋开学以来，点点滴滴的进步，一一说给他的母亲听：洋洋很热心，洋洋是个孝顺的孩子，洋洋的语文功底不错，洋洋的朗读真不错……我的这些话，显然出乎母子两人的意料，从他们的表情和语言中明确地传递着这样一个信息——原来教师家访不都是为了告状啊。

谈话进行得很顺利，洋洋的母亲告诉了我许多洋洋的事，我们双方常常因为一句话不约而同地发出会心的笑声。在谈话中，我对洋洋有了更深的了解，他在我心中的形象更立体了；同时，我也使家长认识到了家庭教育的误区，找到了今后家庭教育中应该注意的地方。

家访轻松愉快地进行着。

家访结束，洋洋主动提出送我去车站。快到车站时，他突然对我说："老师，今天下午的事真的是我不对。""好小子，你终于认错了。"我心里暗暗高兴。"老师，您什么时候再来家访呀？"

"很快！因为老师不仅想做你的老师，还想做你的大朋友呢！"我向洋洋做出了一个郑重的承诺。

疏远别人就会孤立自己，在实际工作中，常常是因为我们从心理上疏远了学生，导致了学生从情感上隔离了老师。教师要想和学生打成一片，深入学生的内心，就必须能够从心里悦纳学生，善于做学生的朋友。在学生眼里，没有什么比朋友的关心更温暖了，没有什么比朋友的支持更重要了，更没有什么比朋友更值得信赖了。他们会以更大的努力去回报朋友，袒露自己的秘密，支持朋友的观点，满足朋友的要求。

善于做学生朋友的教师，有哪个学生不喜欢他呢？正如故事所表达的：每个学生都有一定的封闭性和开放性，他们的心扉总是对大多数人关闭，只对少数挚友开放。他们都渴望有真诚的友谊，这就要求教师在与学生交往的过程中，用真诚与理解去温暖、感动学生。只有努力去做学生所信赖的挚友，学生才会对你敞开心扉，以孩子特有的真诚回报教师殷切的希望。

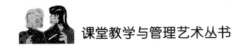

深入"群众"

有人问一名知名教师：为什么学生那么喜欢你的课？你是如何赢得他们的心的？这位教师淡淡一笑：走下讲台，到学生中去。

走下讲台当教师，不仅是观念上的更新，更是教师角色的一种转换，既然照本宣科式的讲解已被证明不是有效的手段，苦守三尺讲台的坚韧也不能换来累累硕果，那么走下讲台当教师，就成为一种明智的选择。走下讲台当教师，到学生中去，了解他们的所思所想，倾听他们的内心独白，真正做到把课堂还给学生，可以进一步调动学生的学习积极性，使之能够畅所欲言、各抒己见。教师走下讲台，近距离直接面对学生，可以更深入地了解学生的特长，只要用心观察，你就会发现每个学生身上都闪动着一种灵光。

我们先来看一个经典案例：

> 在传统的教室中。讲台是不可缺少的，它总是教室中最显眼的一张桌子，比学生的课桌要高、要大，似乎象征着教师的威严和高高在上。新的音乐课程观认为："音乐教学应该是师生共同体验、发现、创造、表现和享受音乐美的过程。"既然是"共同"的，那音乐教师就应该俯下身来，倾听学生的心声，走下讲台，感受学生的创想。我在近几年的课堂教学中，大胆和三尺讲台说再见，着力营造轻松民主的课堂气氛，建立平等和谐的师生关系，使师生真正地融为了一体。

> **镜头一：**

> 教师站在讲台前严肃地提问："谁能说出《命运》的曲作者，并简单介绍他的生平？"讲台下面是一张张严肃的小脸和举起的寥寥几只小手，有知道答案却不想说的，有不知道答案的，更多的是怕说错挨批评的……"×××，大家都在思考，怎么又是你在做小动作，

站到讲台前面去，谁再开小差，就上来和他做伴。"

课堂里鸦雀无声，就连刚才已经举起的手也慢慢放了下来，个个都呆若木鸡地坐着，老师除了再来一次狂风暴雨般的批评外也无可奈何……

镜头二：

原来的讲台没有了，取而代之的是和学生差不多高低的小课桌，教师走到了学生中间："孩子们，老师想和你们一起表演《小兔乖乖》，我演老狼，你们演小兔，好吗？""好！"伴着《小兔乖乖》的音乐，师生欢乐地唱着、跳着、笑着……有只小兔"掉队"了，教师轻轻走过去，像老狼一样夸张地龇牙咧嘴一番，"小兔"红着脸加入了大家的表演队伍……

没有了讲台的音乐课堂，让我的教学更轻松，让我的学生更富有个性。马蹄形、半圆形、梅花形……我们的座位并非一成不变，而是根据教学的需要而随时变换，让学生时时有新鲜感。作为教师的我既是组织者、指导者，更是参与者，我们一起歌唱、一起思考、一起舞蹈、一起绘画……和三尺讲台说再见后，我们的音乐课堂灵动飞扬。

美国教育家杜威曾说过："教师不应该站在学生面前上课，而应站在学生后面。"细细体会，觉得他说得非常有道理，教师站在讲台上，居高临下，以一对众，与学生距离遥远，怎能亲近学生，与学生沟通呢？正如案例中的镜头一，这是我们传统的教学方法，教师站在讲台上提问，首先给学生的感觉居高临下，而且拉大了教师与学生之间的距离。再加上表情的严肃，使学生认为这位教师不亲切、不平易近人。这种教学会使学生产生一种胆怯心理，即使知道答，也不敢说。这样的教学便大大降低了教学效果，而我们换一种方式，如案例镜头二的这位音乐教师，她走下讲台，走到学生中去，和学生一起表演《小兔乖乖》，教师扮演老狼，学生扮演小兔，伴着音乐，师生融在一起，在轻松、愉快的氛围中学习，其乐融融。在此教学中，教师千方百计地促使课堂成为开放的系统，让课堂成为学生生活的一部分，让活动成为学生参与课堂教学的主要形式，真正体现学生是学习的主体，而教师是课堂的主要形式，真正体现学生是学习的主体，而教师是课堂的组织者、指导者、参与者。

我们再来看另外一个案例：

今天的语文早读课，班干部王文在讲台前维持纪律。看到学生有的在写字，有的在看书，我也就拿着《小学语文教学》在教室里边巡视边看书，看到王文的座位空着，我便顺势坐下来，细细地品读起来。

"老师，这个宁我写不好，帮我写一个好吗？"陈浩在一旁小声地说。"行啊！"我说着拿起他的写字本。嘿，这是陈浩的笔迹吗？他平时习惯快速书写，字总写得有些潦草，为此我跟他谈过几次，刚谈过的那几天，好了一些，可过几天又是一副老样子，我曾笑说有些字在他那里被毁容了。今天拿起他的写字本，我还真怀疑拿错了，字迹端正潇洒，焕然一新。我帮他书写好后，他又认真地书写起来，那专注的神情久已不见。

我举目四望，今天教室里出奇地静，许多同学在专注地看书，也有不少在认真地练字，尤其是坐在我周围的同学都沉浸在书海中，时不时有同学过来询问书中不理解的词句，还有同学让我帮他们写一个范字……

"老师，你坐到我们中间真好！"张雨是一位活泼可爱的小女孩，总是那么心直口快。"那我以后多坐到你们中间！""坐我边上！""坐我边上！"……看着同学们兴奋的笑脸，我心里的暖流也荡漾开了，此刻我发现我们彼此之间是多么融洽！一次不经意的举动，让我收获了喜悦。看来，教师有时间应该多走到学生中间去，坐到学生的位子上，进行角色互换，作为他们的一份子一起学习、一起讨论。这样，拉近了与学生的距离，让学生放松心情，带着轻松愉快的情绪去感受、学习。教师坐到学生中间休息，能更好地增进师生之间的沟通、了解，可以及时解决学生学习中出现的问题。

　　　走下讲台，坐到学生中间，松开学生的翅膀，静享一份"流连戏蝶时时舞，自在娇莺恰恰啼"的春光吧！

　　新课程改革要求教师做学生的合作者，不再以知识权威和道德权威的角色出现。常言道："亲其师，信其道，乐其学。"所以，我们教师要乐于走下讲台，不仅是身体要走下来，心灵也要跟下来，全身心地融到学生中间去，与学生一起交流，与学生一起活动，与学生一起学习。例如，案例二中，这位教师在一次不经意中，走到学生中间去，坐到学生的位子上，让学生感到了这位教师的平易近人、和蔼可亲。学生就乐于把这位教师当作自己的贴心人，有什么话才愿意跟你讲，有什么问题才会向你问。所以，在教学中，我们要善于角色互换，让学生走上讲台，教师走下讲台，走到学生中间去，坐到学生的位置上，和他们一起聆听"小老师"的授课，观赏"小演员"的节目，参与到他们的讨论中去，作为他们的一份子一起学习。这样就能拉近师生间的距离，让学生在轻松、愉快的氛围中学习。